Mahatma Gandhi

L'homme qui ne fit plus qu'un avec l'être universel

Romain Rolland

(Traducteur : Catherine Dase Groth)

Writat

Cette édition parue en 2023

ISBN : 9789358812176

Publié par
Writat
email : info@writat.com

Contenu

PARTIE UN

§ 1

Des yeux sombres et tranquilles. Un petit homme frêle, au visage maigre avec de grandes oreilles décollées. La tête couverte d'un petit bonnet blanc, le corps vêtu d'un gros drap blanc, pieds nus. Il vit de riz et de fruits et ne boit que de l'eau. Il dort par terre, très peu et travaille sans cesse. Son corps ne semble pas du tout compter. Il n'y a rien de frappant chez lui, au premier abord, si ce n'est son expression de « grande patience et grand amour ». WW Pearson, qui le rencontra en Afrique du Sud en 1918, pensa instinctivement à saint François d'Assise. Il y a chez lui une simplicité presque enfantine. [1] Ses manières sont douces et courtoises même lorsqu'il s'agit d'adversaires, [2] et il est d'une sincérité immaculée. [3] Il est modeste et sans prétention, au point de paraître parfois presque timide, hésitant, dans ses affirmations. Pourtant, vous ressentez son esprit indomptable. Il ne fait aucun compromis et ne cherche jamais à cacher ses erreurs. Il n'a pas non plus peur d'admettre ses torts. La diplomatie lui est inconnue ; il évite l'effet oratoire ou plutôt n'y pense jamais ; et il recule inconsciemment devant les grandes manifestations populaires organisées en son honneur. Littéralement « malade de la multitude qui l'adore » [4], il se méfie des majorités et craint la « mobocratie » et les passions débridées de la population. Il ne se sent à l'aise qu'au sein d'une minorité et est plus heureux lorsque, dans une solitude méditative, il peut écouter la « voix douce » intérieure. [5]

C'est l'homme qui a suscité la révolte de trois cents millions de personnes, qui a ébranlé les fondements de l'Empire britannique et qui a introduit dans la politique humaine l'élan religieux le plus puissant des deux mille dernières années.

§ 2

Son vrai nom est Mohandas Karamchand Gandhi. Il est né dans un petit État semi-indépendant du nord-ouest de l'Inde, à Porbandar, la "Ville Blanche" sur la mer d'Oman, le 2 octobre 1868. Il est issu d'une race ardente et active qui, jusqu'à ce jour, a été divisé par la guerre civile; une race pratique, passionnée par le commerce, qui a établi des relations commerciales d'Aden à Zanzibar. Le père et le grand-père de Gandhi étaient tous deux des dirigeants du peuple et ont été persécutés en raison de leur esprit d'indépendance. Tous deux ont été contraints de fuir pour se mettre en sécurité, mettant leur vie en danger. La famille de Gandhi était aisée et appartenait à une classe cultivée de la société, mais elle n'appartenait pas à une caste supérieure. Ses parents étaient des adeptes de l' école hindouiste Jaïn , qui considère *l'ahimsa* [6] , HYPERLINK

"Footnote_6_1" la doctrine de non-atteinte à toute forme de vie, comme l'un de ses principes fondamentaux. C'est la doctrine que Gandhi allait proclamer victorieusement à travers le monde. Les Jaïnistes croient que le principe de l'amour, et non l'intelligence, est le chemin qui mène à Dieu. Le père du Mahatma se souciait peu de la richesse et des valeurs matérielles et n'en laissait presque rien à sa famille, ayant presque tout donné à des œuvres caritatives. La mère de Gandhi était une femme très pieuse, une sorte de sainte Elisabeth hindoue, jeûnant, faisant l'aumône aux pauvres et soignant les malades. Dans la famille de Gandhi, le Ramayana était lu régulièrement. Son premier professeur fut un brahmane qui lui apprit à mémoriser les textes de Vishnu. [7] Plus tard, Gandhi a exprimé ses regrets de ne pas être un meilleur érudit sanskrit, et l'un de ses griefs contre l'enseignement anglais en Inde est qu'il fait perdre aux indigènes les trésors de leur propre langue. Gandhi devint cependant un étudiant approfondi des écritures hindoues, même s'il ne lisait les Vedas et les Upanishads qu'en traduction. [8]

Alors qu'il était encore un garçon, il traversa une grave crise religieuse. Choqué par la forme idolâtre que prend parfois l'hindouisme, il devint, ou crut devenir, athée, et pour prouver que la religion ne signifiait rien pour lui, lui et quelques amis allèrent jusqu'à manger de la viande, sacrilège effroyable pour un hindou. Et Gandhi faillit périr de dégoût et de mortification. [9] Il s'est fiancé à l'âge de huit ans et s'est marié à l'âge de douze ans. [10] À dix-neuf ans, il fut envoyé en Angleterre pour terminer ses études à l'Université de Londres et à la faculté de droit. Avant son départ de l'Inde, sa mère lui fit prononcer les trois vœux de Jaïn , qui prescrivent l'abstention de vin, de viande et de rapports sexuels.

Il arriva à Londres en septembre 1888 et, après les premiers mois d'incertitude et de tromperie, au cours desquels, comme il le dit, il « perdit beaucoup de temps et d'argent à essayer de devenir Anglais », il se mit au travail acharné et menait une vie strictement réglementée. Certains amis lui ont donné un exemplaire de la Bible, mais le moment de la comprendre n'était pas encore venu. Mais c'est lors de son séjour à Londres qu'il réalisa pour la première fois la beauté de la Bhagavad Gîtâ . Il en fut emporté. C'était la lumière que recherchait l'Hindou exilé, et elle lui rendit la foi. Il réalisa que pour lui le salut ne pouvait résider que dans l'hindouisme. [11]

Il retourna en Inde en 1891, un retour plutôt triste, car sa mère venait de mourir et la nouvelle de sa mort lui avait été cachée. Peu de temps après, il a commencé à exercer le droit à la Cour suprême de Bombay. Il abandonna cette carrière quelques années plus tard, la considérant comme immorale. Mais même lorsqu'il exerçait le droit, il mettait un point d'honneur à se réserver le droit d'abandonner une affaire s'il avait des raisons de la croire injuste.

À ce stade de sa carrière , il rencontre diverses personnes qui lui font pressentir sa future mission dans la vie. Il a été particulièrement influencé par deux hommes. L'un d'eux était le «roi sans couronne de Bombay», le Parsi Dadabhai , et l'autre le professeur Gokhale. Gokhale fut l'un des principaux hommes d'État indiens et l'un des premiers à introduire des réformes éducatives, tandis que Dadabhai , selon Gandhi, fut le véritable fondateur du mouvement nationaliste indien. Les deux hommes combinaient la plus grande sagesse et le plus grand savoir avec la plus grande simplicité et douceur. [12] C'est Dadabhai qui, en essayant de modérer l'ardeur juvénile de Gandhi, lui donna, en 1892, sa première véritable leçon d' *ahimsa* en lui apprenant à appliquer la passivité héroïque - si deux de ces mots peuvent être liés - à la vie publique en combattant le mal. , non par le mal, mais par l'amour. Un peu plus tard nous aborderons cette parole magique d' *ahimsa* , le sublime message de l'Inde au monde.

§ 3

L'activité de Gandhi peut être divisée en deux périodes. De 1898 à 1914, son champ d'action était l'Afrique du Sud ; de 1914 à 1922, Inde.

Que Gandhi ait pu mener la campagne sud-africaine pendant plus de vingt ans sans susciter aucun commentaire particulier en Europe est une preuve de l'incroyable myopie de nos dirigeants politiques, historiens, penseurs et croyants, car les efforts de Gandhi ont constitué l'épopée d'une âme. , inégalée à notre époque, non seulement en raison de l'intensité et de la constance du sacrifice requis, mais en raison du triomphe final.

En 1890-91, quelque 150 000 émigrants indiens se sont installés en Afrique du Sud, la plupart d'entre eux ayant élu domicile au Natal. La population blanche était mécontente de leur présence et le gouvernement encourageait la xénophobie des Blancs par une série de mesures d'oppression destinées à empêcher l'immigration des Asiatiques et à obliger ceux déjà installés en Afrique à partir. Grâce à une persécution systématique, la vie des Indiens en Afrique est devenue intolérable ; ils étaient accablés d'impôts écrasants et soumis aux ordonnances policières les plus humiliantes et aux outrages de toutes sortes, allant du pillage et de la destruction de magasins et de propriétés au lynchage, le tout sous le couvert de la civilisation « blanche ».

En 1893, Gandhi fut appelé à Pretoria pour une affaire importante. Il ne connaissait pas la situation en Afrique du Sud, mais dès le début, il a vécu des expériences éclairantes. Gandhi, un Hindou de haute race, qui avait toujours été reçu avec la plus grande courtoisie en Angleterre et en Europe, et qui jusqu'alors considérait les Blancs comme ses amis naturels, se trouva soudain en butte aux affronts les plus ignobles. Au Natal, et particulièrement dans le Transvaal néerlandais, il a été expulsé des hôtels et des trains, insulté, battu et frappé à coups de pied. Il serait immédiatement retourné en Inde s'il n'avait pas été tenu par contrat de rester un an en Afrique du Sud. Au cours de ces douze mois, il apprit l'art de la maîtrise de soi, mais il aspirait constamment à l'expiration de son contrat pour pouvoir retourner en Inde. Mais alors qu'il était enfin sur le point de partir, il apprit que le gouvernement sud-africain envisageait de voter un projet de loi privant les Indiens du droit de vote. Les Indiens d'Afrique étaient impuissants, incapables de se défendre ; ils étaient complètement désorganisés et démoralisés. Ils n'avaient ni chef, ni personne pour les guider. Gandhi estimait qu'il était de son devoir de les défendre. Il réalisa que ce serait une erreur de partir. La cause des Indiens déshérités devint la sienne. Il s'y livra et resta en Afrique.

Commence alors une lutte épique entre l'esprit d'un côté et le pouvoir gouvernemental et la force brute de l'autre. Gandhi était alors avocat et sa première démarche fut de prouver l'illégalité de l'Asiatic Exclusion Act du point de vue du droit, et il obtint gain de cause malgré l'opposition la plus virulente. A cet égard, il fit signer d'immenses pétitions ; il organisa le Congrès indien à Natal et créa une association pour l'éducation indienne. Un peu plus tard, il fonda un journal, « Indian Opinion », publié en anglais et dans trois langues indiennes. Finalement, afin d'œuvrer plus efficacement pour ses compatriotes d'Afrique, il décide de devenir l'un d'entre eux. Il avait une clientèle lucrative à Johannesburg (Gokhale dit que Gandhi gagnait à cette époque environ cinq ou six mille livres par an). Il y a renoncé pour épouser la pauvreté, comme saint François. Il abandonna tout lien pour vivre la vie des Indiens persécutés, partager leurs épreuves. Et il les a ennoblis par là, car il leur a enseigné la doctrine de la non-résistance. En 1904, il fonda à Phoenix, près de Durban, une colonie agricole sur le modèle tolstoïen. [13] Il fit appel à ses compatriotes, leur donna des terres et leur fit prêter le serment solennel de pauvreté. Il s'est chargé des tâches les plus humbles.

Pendant des années, la colonie silencieuse a résisté au gouvernement. Elle se retira des villes, paralysant peu à peu la vie industrielle du pays, menant une sorte de grève religieuse contre laquelle la violence — toute violence — était impuissante, tout comme la violence de la Rome impériale était impuissante contre la foi des premiers chrétiens. Pourtant, très peu de ces premiers chrétiens auraient poussé la doctrine de l'amour et du pardon jusqu'à aider leurs persécuteurs en danger, comme le fit Gandhi. Chaque fois que l'État sud-africain se trouvait dans de sérieuses difficultés, Gandhi suspendait la non-participation de la population indienne aux services publics et offrait son aide. En 1899, pendant la guerre des Boers, il organisa une Croix-Rouge indienne, citée à deux reprises pour sa bravoure sous le feu. Lorsque la peste éclata à Johannesburg en 1904, Gandhi organisa un hôpital. En 1908, les indigènes du Natal se révoltèrent. Gandhi organisa et servit à la tête d'un corps de *brancardiers*, et le gouvernement du Natal le remercia publiquement.

Mais ces services désintéressés ne désarmèrent pas la haine des Blancs. Gandhi a été fréquemment arrêté et emprisonné, [14] et peu de temps après que des remerciements officiels aient été offerts pour ses services pendant la guerre, il a été condamné à l'emprisonnement et aux travaux forcés, après avoir été battu par la foule et laissé derrière lui comme mort. [15] Mais aucun abus, aucune persécution ne pourrait faire renoncer Gandhi à son idéal. Au contraire, sa foi en elle s'est renforcée au fil des épreuves. Sa seule réponse à la violence qui lui a été infligée en Afrique du Sud fut le célèbre petit livre « Hind Swaraj » [16], publié en 1908. Ce pamphlet sur l'autonomie domestique indienne est l'évangile de l'amour héroïque.

La lutte dura vingt ans, atteignant sa phase la plus acharnée de 1907 à 1914. Bien que les Anglais les plus intelligents et les plus larges d'esprit d'Afrique s'y opposèrent, en 1906 le gouvernement sud-africain adopta en toute hâte une nouvelle loi asiatique. Cela a conduit Gandhi à organiser la non-résistance à grande échelle.

En septembre 1906, une immense manifestation eut lieu à Johannesburg et les Indiens rassemblés prêtèrent solennellement le serment de résistance passive. Les Chinois d'Afrique rejoignirent les Hindous ; et les Asiatiques de toutes races, religions et castes, riches et pauvres, apportèrent à la cause le même enthousiasme et la même abnégation. Les Asiatiques furent jetés en prison par milliers, et comme les prisons n'étaient pas assez grandes, ils furent jetés dans les mines. Mais c'était comme si les prisons fascinaient ces gens que le général Smuts, leur persécuteur, qualifiait d'« objecteurs de conscience ». Gandhi fut jeté en prison à trois reprises [17] tandis que d'autres moururent en martyrs. Le mouvement s'agrandit. En 1918, elle s'étend du Transvaal au Natal. Des grèves immenses et des rassemblements monstres, des masses d'hindous défilant à travers le Transvaal, alarmèrent et excitèrent l'opinion publique en Afrique et en Asie. Toute l'Inde fut indignée et le vice-roi, Lord Hardinge , poussé par l'opinion publique, déposa finalement une protestation contre le gouvernement de l'Afrique du Sud.

La ténacité indomptable et la magie de la « Grande Âme » opèrent et l'emportent : la force doit s'incliner devant la douceur héroïque. [18] L'homme le plus farouchement opposé aux Indiens, le général Smuts, qui en 1909 avait déclaré qu'il n'effacerait jamais des statuts une mesure préjudiciable aux Indiens, avoua, cinq ans plus tard, en 1914, qu'il était heureux de supprimer avec ça. [19] Une commission impériale a soutenu Gandhi sur presque tous les points. En 1914, une loi abolit la taxe électorale de trois livres, tandis que le Natal fut ouvert à tous les Indiens désireux de s'y installer comme travailleurs libres. Après vingt ans de sacrifices, la non-résistance a triomphé.

§ 4

Lorsque Gandhi revint en Inde , il jouissait du prestige d'un leader.

Depuis le début du siècle, le mouvement pour l'indépendance de l'Inde gagnait régulièrement du terrain. Trente ans auparavant, quelques Anglais à l'esprit large, parmi lesquels AO Hume et Sir William Wedderburn, avaient organisé un Congrès national indien. Libéraux victoriens, ils avaient donné au Congrès un cachet loyaliste et avaient tenté de consolider les revendications de l'Inde avec les exigences de la souveraineté de l'Angleterre. Entre-temps, cependant, la victoire du Japon sur la Russie avait réveillé la fierté des peuples asiatiques et les patriotes indiens étaient mécontents de l'attitude provocatrice de Lord Curzon. Un parti extrémiste se constitue au sein du Congrès, et son nationalisme plus agressif correspond à un sentiment général dans tout le pays. Cependant, jusqu'à la guerre de 1914, l'ancienne partie constitutionnelle resta sous la direction de GK Gokhale, qui était un grand patriote indien, même s'il croyait en la loyauté envers l'Angleterre.

Même si le Congrès indien, reflétant le sentiment général, était en faveur du Home Rule, ou *Swaraj* , les différents membres étaient en désaccord sur la forme que devrait prendre ce Home Rule. Certains membres croyaient en la coopération avec l'Angleterre ; d'autres voulaient chasser les Anglais de l'Inde. Certains préconisaient le système de dominion, comme au Canada, tandis que d'autres affirmaient que l'Inde devrait aspirer à devenir une nation indépendante comme le Japon. Gandhi a proposé une solution. C'était un projet religieux plutôt que politique, mais au fond il était plus radical que tous les autres. Les principes se trouvent dans son « Hind Swaraj ». Mais comme cette solution était basée sur les conditions de l'Afrique du Sud, Gandhi réalisa qu'elle devrait être modifiée pour s'adapter aux conditions de l'Inde. Il s'est également rendu compte que même si son séjour en Afrique du Sud l'avait rendu peu familier avec la situation en Inde, il avait prouvé à quel point *l'ahimsa* , la non-violence, pouvait être une arme irrésistible . Et il décida donc d'étudier les conditions en Inde afin d' y adapter l'arme de *l'ahimsa* . [20]

A cette époque, Gandhi ne ressentait aucun antagonisme envers l'Angleterre. Au contraire, lorsque la guerre éclata en 1914, il se rendit à Londres pour organiser un corps d'ambulance indien. Comme il l'expliqua dans une lettre écrite en 1921, il se croyait honnêtement citoyen de l'empire. Il fait référence à son attitude à maintes reprises, comme dans sa lettre adressée à « Chaque Anglais en Inde », publiée en 1920. Aucun Anglais, dit-il, n'a servi le gouvernement plus fidèlement que lui pendant vingt-neuf ans de vie publique. Il a risqué sa vie quatre fois pour l'Angleterre et, jusqu'en 1919, il croyait sincèrement à la coopération avec le gouvernement. Mais maintenant, il n'en peut plus.

Gandhi n'est pas le seul à connaître ce changement de sentiment. En 1914, toute l'Inde avait été emportée par l'idéalisme hypocrite de la soi-disant « guerre pour la justice ». En demandant l'appui de l'Inde, le gouvernement anglais avait fait naître les plus brillants espoirs. On disait que l'octroi de l'autonomie nationale, tant attendue par le peuple, dépendait de l'attitude de l'Inde dans la guerre. En août 1917, l'intelligent secrétaire indien, ES Montagu, promit à l'Inde un gouvernement responsable envers le peuple. Une consultation eut lieu et en juillet 1918, le vice-roi Lord Chelmsford et M. Montagu signèrent un rapport officiel recommandant une réforme constitutionnelle en Inde. Les armées alliées se trouvaient dans une situation des plus précaires au début de 1918. Le 2 avril, Lloyd George avait adressé un appel au peuple indien, tandis que la conférence de guerre, réunie à Delhi à la fin du même mois, avait laissé entendre que l'heure de l'indépendance de l'Inde était proche. Et l'Inde avait répondu comme un seul homme tandis que Gandhi promettait à l'Angleterre son fidèle soutien. L'Inde a fourni 985 000 hommes et a consenti d'énormes sacrifices. Et elle attendait avec confiance la récompense promise.

Le réveil fut terrible. Le danger était passé à la fin de 1918 et le souvenir des services rendus avait disparu. Après la signature de l'armistice, le gouvernement ne voyait plus aucune raison de feindre. Au lieu d'accorder les libertés promises, il a suspendu celles qui existaient déjà. Les projets de loi Rowlatt , proposés au Conseil législatif impérial de Delhi, exprimaient une méfiance insultante à l'égard du pays qui avait donné tant de preuves de sa loyauté. Ces projets de loi visaient à établir définitivement les dispositions du Defence Act imposées à l'Inde pendant la guerre, et faisaient des services de police secrète, de la censure et de tous les désagréments tyranniques d'un véritable état de siège une réalité permanente. Il y eut une explosion d'indignation dans toute l'Inde. La révolte commença. [21] Gandhi l'a dirigé.

Jusqu'à présent, Gandhi ne s'était intéressé qu'aux réformes sociales, se consacrant particulièrement à la condition des travailleurs agricoles. A Kaira, dans le Gujarat, et à Champaran , dans le Behar, il avait essayé, presque inaperçu et avec succès, l'arme redoutable qu'il allait bientôt utiliser dans les luttes nationales. Cette arme était la volonté d'une non-résistance active et passionnée. Nous l'étudierons plus tard sous le nom de *Satyagraha* , que lui a donné Gandhi.

Cependant, jusqu'en 1919, Gandhi ne participa pas activement au mouvement nationaliste indien. Réunis en 1916 par Mme Annie Besant, les éléments les plus avancés la distancèrent bientôt et se rallièrent sous la houlette du grand hindou Lokamanya Bal Gangadhar Tilak, homme d'une énergie extraordinaire, unissant, comme dans une triple gerbe de fer, un un grand esprit, une forte volonté et un caractère élevé. Son intelligence était peut-être encore plus vive que celle de Gandhi, ou plutôt elle était plus solidement nourrie de la vieille culture asiatique. C'était un érudit, un mathématicien, qui avait sacrifié toutes ses ambitions personnelles pour servir son pays. Comme Gandhi, il ne recherchait aucune reconnaissance personnelle et aspirait seulement au triomphe de son idéal pour pouvoir se retirer du champ politique et retourner à son travail scientifique. Tant qu'il vécut, il fut le leader incontesté de l'Inde. Qui peut dire ce qui serait arrivé s'il n'avait pas connu une mort prématurée en 1920 ? Si Tilak avait vécu, Gandhi, qui vénérait le génie de Tilak, tout en différant radicalement de lui en ce qui concerne ses méthodes et sa politique, serait sans aucun doute resté le chef religieux du mouvement. Comme le peuple indien aurait pu marcher magnifiquement sous une telle double direction ! Ils auraient été irrésistibles, car Tilak était un maître de l'action, tout comme Gandhi est un maître du pouvoir spirituel. Mais le destin en a décidé autrement. C'est peut-être regrettable, non seulement pour le bien de Tilak, mais aussi pour celui de l'Inde et même pour celui de Gandhi. Le rôle de leader d'une minorité, de leader de l'élite morale, aurait été plus conforme aux désirs les plus profonds et à la nature de Gandhi. Il aurait été heureux de laisser Tilak gouverner la majorité, car Gandhi n'a jamais eu confiance dans les majorités. Mais Tilak l'avait fait. Tilak, mathématicien né et maître de l'action, croyait aux chiffres. Il était instinctivement démocrate. Il était résolument un homme politique, qui laissait de côté les considérations religieuses. Il affirmait que la politique n'était pas réservée aux *sadhus* (saints, hommes pieux). Ce scientifique austère aurait sacrifié la vérité au patriotisme. Et cet homme scrupuleusement honnête et droit, dont la vie personnelle était d'une pureté sans tache, n'a pas hésité à dire qu'en politique tout est justifié. On pourrait dire que la conception politique de Tilak et celle des dictateurs de Moscou ont quelque chose en commun. Ce n'est pas le cas de l'idéal de Gandhi. [22] Les discussions de Tilak et de Gandhi ont fait ressortir leurs différents points de vue. Entre des hommes aussi sincères qu'eux, il y aura forcément une opposition irréconciliable, puisque leurs méthodes reposent sur leurs convictions, qui sont fondamentalement opposées. Chaque homme respectait et vénérait l'autre. Mais Gandhi pensait que si l'on en arrivait à ce point , il placerait toujours la vérité avant la liberté et même avant son pays, tandis que Tilak placerait son pays au-dessus de tout. Gandhi estime que, quel que soit son amour pour son pays, sa foi en son idéal, en la religion exprimée dans la Vérité, est encore plus grande.

Comme il le dit le 11 août 1920 :

> Je suis marié à l'Inde parce que je crois absolument qu'elle a
> une mission pour le monde... Ma religion n'a pas de limites
> géographiques. J'ai une foi vivante en elle qui transcendera
> même mon amour pour l'Inde elle-même. [23]

Ces nobles paroles donnent la clé de la lutte que nous allons maintenant décrire. Ils prouvent que l'apôtre de l'Inde est l'apôtre du monde et qu'il est l'un des nôtres. La bataille que le Mahatma a commencée il y a quatre ans est notre bataille. [24]

<h1 style="text-align:center">§ 5</h1>

Il convient de noter que lorsque Gandhi est entré sur le terrain politique en tant que chef de l'opposition aux projets de loi Rowlatt , il n'était motivé que par le désir d'épargner le pays de la violence. [25] La révolte était inévitable ; il savait qu'il n'y avait aucune possibilité de l'éviter. Il s'agissait donc d'en faire des canaux non violents.

Pour comprendre l'activité de Gandhi, il faut comprendre que sa doctrine est comme un immense édifice composé de deux étages ou niveaux différents. Vous trouverez ci-dessous les bases solides, le fondement de base de la religion. C'est sur cette base vaste et inébranlable que repose la campagne politique et sociale. Ce n'est pas la continuation idéale de la fondation invisible, mais c'est la meilleure structure possible dans les conditions actuelles. Il est adapté aux conditions.

En d'autres termes, Gandhi est religieux par nature et sa doctrine est essentiellement religieuse. Il est un leader politique par nécessité, car d'autres dirigeants disparaissent et la force des circonstances l'oblige à piloter le navire à travers la tempête et à donner une expression politique pratique à sa doctrine. Ces développements sont intéressants, mais la partie essentielle de l'édifice est la crypte, qui est profonde et bien construite et destinée à soutenir une cathédrale très différente de la structure qui s'élève rapidement au-dessus d'elle. La crypte seule est durable. Le reste est temporaire et destiné uniquement à servir pendant les années de transition, jusqu'à ce que les plans d'une cathédrale digne des fondations puissent être élaborés. Il est donc essentiel de comprendre les principes sur lesquels repose la vaste crypte souterraine, car c'est ici que la pensée de Gandhi trouve sa véritable expression. C'est au fond de cette crypte qu'il descend chaque jour pour chercher l'inspiration et la force de poursuivre l'œuvre d'en haut.

Gandhi croit en la religion de son peuple, en l'hindouisme. Mais il n'est pas un érudit, attaché à l'interprétation minutieuse des textes, ni un croyant aveugle acceptant sans contestation toutes les traditions de sa religion. Sa religion doit satisfaire sa raison et correspondre aux préceptes de sa conscience.

> Je ne fétichiserais pas la religion et ne tolérerais pas le mal en son nom sacré. [26]

> Ma croyance dans les écritures hindoues ne m'oblige pas à accepter chaque mot et chaque verset comme étant divinement inspirés. Je refuse d'être lié par une interprétation, aussi savante soit-elle, si elle répugne à la raison ou au sens moral. [27]

Il ne considère pas non plus l'hindouisme comme la seule religion, et c'est un point très important.

> Je ne crois pas à la divinité exclusive des Vedas. Je crois que la Bible, le Coran et le Zend-Avesta sont aussi divinement inspirés que les Vedas... L'hindouisme n'est pas une religion missionnaire. Il y a de la place pour le culte de tous les prophètes du monde... L'hindouisme dit à chacun d'adorer Dieu selon sa propre foi ou *Dharma* et ainsi vivre en paix avec toutes les religions. [28]

Il voit les erreurs et les vices qui se sont glissés dans la religion à travers les siècles, et il les stigmatise, mais il ajoute :

> Je ne peux pas plus décrire mes sentiments pour l'hindouisme que pour ma propre femme. Elle m'émeut comme aucune autre femme au monde ne peut le faire. Non qu'elle n'ait aucun défaut ; J'ose dire, elle en a bien plus que je ne le pense moi-même. Mais le sentiment d'un lien indissoluble est là. Néanmoins, je ressens l'hindouisme avec tous ses défauts et ses limites. Rien ne m'exalte autant que la musique de la Gîtâ ou du Ramayana de Tulasidas , les deux seuls livres de l'hindouisme que je puisse connaître. Je sais que le vice existe aujourd'hui dans tous les grands sanctuaires hindous mais je les aime malgré leurs échecs. Je suis un réformateur de bout en bout. Mais mon zèle ne m'amène jamais à rejeter aucune des choses essentielles de l'hindouisme. [29]

Quelles sont les choses essentielles auxquelles Gandhi croit ? Dans un article rédigé le 6 octobre 1921, Gandhi définit sa conception de l'hindouisme :

1. Il croit, dit-il, aux « Vedas, aux Upanishads, aux Puranas et à tout ce qui porte le nom d'écritures hindoues ». Il croit donc aux *avatars* et à la renaissance.

2. Il croit au *Varnashrama Dharma* [30] ou à la « Discipline des Castes », dans un sens qu'il considère comme « strictement védique », mais qui peut ne pas correspondre au « sens populaire et grossier » actuel.

3. Il croit en la « protection de la vache dans un sens beaucoup plus large que le sens populaire ».

4. Il ne « mécroit pas au culte des idoles ».

Tout Occidental qui lit le "Credo" de Gandhi et s'arrête à ces lignes est susceptible de penser qu'elles révèlent une mentalité si différente de la nôtre et si éloignée dans le temps et dans l'espace qu'elle rend impossible la comparaison avec nos idéaux, faute d'une vision commune. mesure. Mais s'il continue sa lecture, il trouvera, quelques lignes plus bas, les mots suivants, qui expriment une doctrine qui nous est plus familière :

> Je crois implicitement à l'aphorisme hindou selon lequel personne ne connaît vraiment les *Shastras* s'il n'a pas atteint la perfection en matière d'innocence [*Ahimsa*], de Vérité [*Satya*] et de maîtrise de soi [*Brahma- Charya*] et qui n'a pas renoncé à toute acquisition ou possession de richesse. .

Ici, les paroles des hindous rejoignent celles de l'Évangile. Et Gandhi était conscient de leur similitude. À un ecclésiastique anglais qui lui demandait en 1920 quels livres l'avaient le plus influencé, Gandhi répondit : « Le Nouveau Testament ». [31]

Les derniers mots de la « Religion éthique » de Gandhi sont une citation du Nouveau Testament, [32] et il affirme que la révélation de la résistance passive lui est venue après avoir lu le Sermon sur la montagne en 1893. [33] Lorsque l'ecclésiastique lui a demandé , surpris, s'il n'avait pas trouvé le même message dans les écritures hindoues, Gandhi a répondu que s'il avait trouvé l'inspiration et les conseils dans la Bhagavad Gîtâ , qu'il vénère et admire, le secret de la résistance passive lui a été révélé à travers le Nouveau Testament. Une grande joie jaillit en lui, dit-il, lorsque la révélation lui vint, et encore lorsque la Gîtâ confirma cette révélation. [34] Gandhi dit également que l'idéal de Tolstoï , selon lequel le royaume de Dieu est en nous, l'a aidé à façonner sa propre foi en une véritable doctrine. [35]

Il ne faut pas oublier que ce croyant asiatique a traduit Ruskin [36] et Platon [37] et cite Thoreau, admire Mazzini, lit Edward Carpenter, et qu'il connaît, en somme, le meilleur de ce que l'Europe et l'Amérique ont produit.

Il n'y a aucune raison pour qu'un Occidental ne comprenne pas la doctrine de Gandhi aussi bien que Gandhi comprend celles de nos grands hommes, à condition que l'Occidental prenne la peine d'étudier Gandhi un peu plus profondément. Il est vrai que les simples mots du credo de Gandhi peuvent le surprendre, et que deux paragraphes, en fait, lus superficiellement, peuvent sembler si différents de notre mentalité qu'ils forment une barrière presque insurmontable entre les idéaux religieux de l'Asie et de l'Europe. L'un de ces paragraphes fait référence à la protection des vaches et l'autre au système des castes. Quant à la référence de Gandhi au culte des idoles, elle ne nécessite aucune étude particulière. Gandhi explique son attitude lorsqu'il dit qu'il n'a aucune vénération pour les idoles mais croit que le culte des idoles fait partie de la nature humaine. Il considère que cela est inhérent à la fragilité de l'esprit humain, car nous avons tous « une soif de symbolisme » et devons nécessairement matérialiser notre foi pour vraiment la comprendre. Lorsque

Gandhi dit qu'il ne s'oppose pas au culte des idoles, il ne veut rien dire de plus que ce que nous soutenons dans toutes nos églises rituelles d'Occident.

"La protection des vaches", dit Gandhi, est le fait central de l'hindouisme. Il le considère comme l'un des « phénomènes les plus merveilleux de l'évolution humaine ». Pourquoi? Parce que la vache, pour lui, est considérée comme le symbole de tout le « monde sous-humain ». La protection des vaches signifie que l'homme conclut un pacte d'alliance avec ses frères muets ; cela signifie la fraternité entre l'homme et la bête. Selon la belle expression de Gandhi, en apprenant à respecter, à vénérer un animal, l'homme est "entraîné au-delà de son espèce et est invité à réaliser son identité avec tout ce qui vit".

Si la vache a été sélectionnée de préférence aux autres créatures , c'est parce qu'en Inde, la vache était la meilleure compagne, celle qui donne l'abondance. Non seulement elle a donné du lait, mais elle a également rendu l'agriculture possible. Et Gandhi voit dans « ce doux animal » un « poème de pitié ».

Mais il n'y a rien d'idolâtre dans le culte de la vache de Gandhi, et personne ne condamne plus durement que lui le fétichisme de nombreux soi-disant croyants, qui observent la lettre du « culte de la vache » sans exercer un esprit de compassion « pour les créatures muettes de Dieu." Quiconque comprend l'esprit de compassion et de camaraderie que Gandhi voulait faire ressentir aux hommes pour leurs frères stupides – et qui aurait compris cela mieux que le *poverello* Assise ? – n'est pas surpris que Gandhi accorde une telle importance à la protection des vaches dans son credo. . De ce point de vue , il a tout à fait raison de dire que la protection des vaches est le « cadeau de l'hindouisme au monde ». Au précepte de l'Évangile : « Aime ton prochain comme toi-même », Gandhi ajoute : « Et tout être vivant est ton prochain ». [38]

La croyance de Gandhi dans le système des castes est presque plus difficile à comprendre pour un esprit européen ou occidental – elle semble presque plus étrangère que l'idée de la communion fraternelle de tous les êtres vivants. Je devrais peut-être dire « l'esprit européen ou occidental d'aujourd'hui », car si nous croyons encore à une certaine égalité, Dieu sait ce que nous ressentirons à l'avenir, lorsque nous serons pleinement imprégnés des conséquences de l'évolution, au nom démocratique. seulement, ce que nous subissons ! Je ne pense pas qu'à notre stade actuel de développement, mon explication des vues de Gandhi les rendra acceptables en ce qui concerne le système des castes ; je n'ai pas non plus hâte qu'ils le paraissent. Mais je voudrais préciser que la conception de Gandhi du système des castes est différente de ce que nous entendons habituellement par ce terme, puisqu'il ne la fonde pas sur l'orgueil ou de vaines notions de supériorité sociale, mais sur des devoirs.

> J'ai tendance à penser [dit-il] que la loi de l'hérédité est une
> loi éternelle et que toute tentative de la modifier doit
> conduire à une confusion totale... *Varnashrama* ou le
> système des castes est inhérent à la nature humaine.
> L'hindouisme l'a simplement réduit à une science.

Gandhi croit en quatre classes ou castes. Les *Brahmanes*, la classe intellectuelle et spirituelle ; la classe militaire et gouvernementale ; les *Vaishyas*, la classe commerciale et industrielle ; et les *Shudras*, ouvriers et ouvriers. Cette classification n'implique aucune supériorité ou infériorité. Cela représente simplement des vocations différentes. "Ces classes définissent des devoirs, elles ne confèrent aucun privilège." [39]

> Il est contraire au génie de l'hindouisme de s'arroger un
> statut supérieur ou d'attribuer aux autres un statut inférieur.
> Tous sont nés pour servir la création de Dieu, le *Brahman*
> avec sa connaissance, le *Kshatriya* avec son pouvoir de
> protection, le *Vaishya* avec sa capacité commerciale, le
> *Shudra* avec son travail corporel.

> Cela ne signifie pas qu'un *brahmane* est absous du travail
> corporel, mais cela signifie qu'il est avant tout un homme de
> connaissance et qu'il est le plus apte, par sa formation et son
> hérédité, à la transmettre aux autres. Plus rien n'empêche un
> *Shudra* d'acquérir toutes les connaissances qu'il souhaite. Lui
> seul servira au mieux son corps et n'aura pas besoin d'envier
> aux autres leurs qualités particulières pour le service. Un
> *Brahman* qui revendique la supériorité par le droit de la
> connaissance tombe et n'a aucune connaissance.
> Varnashrama est la maîtrise de soi et la conservation de
> l'économie et de l'énergie....

Le système des castes de Gandhi est donc basé sur « l'abnégation et non sur des privilèges ». Il ne faut pas oublier d'ailleurs que selon l'hindouisme, la réincarnation rétablit un équilibre général, comme au cours des existences successives un *Brahman* devient un *Shudra*, et *vice versa*.

Le système des castes, qui concerne différentes classes de rang égal, n'a aucun rapport avec l'attitude des hindous à l'égard des « intouchables » ou des parias. Nous étudierons plus loin les appels passionnés de Gandhi aux parias. Sa campagne en faveur des « classes supprimées » constitue l'une des phases les plus attractives de son apostolat. Gandhi considère le système des parias comme une tache sur l'hindouisme ; c'est une vile déformation de la doctrine réelle, et il en souffre intolérablement.

> Je préfère être mis en pièces plutôt que de renier mes frères
> des classes opprimées. Je ne veux pas renaître, mais si je dois
> renaître, je dois être « intouchable » pour pouvoir partager
> leurs chagrins, leurs souffrances. et les affronts qui leur sont
> adressés pour que je puisse tenter de les libérer de leur
> misérable condition.

Et il adopte une petite fille « intouchable » et parle avec émotion de ce charmant petit lutin de sept ans qui dirige la maison avec ses bavardages gais.

§ 6

J'en ai dit assez pour montrer le grand cœur évangélique de Gandhi qui bat sous son credo hindou. Gandhi est un Tolstoï dans un sens plus doux , apaisé et, si j'osais, je dirais, dans un sens plus chrétien, car Tolstoï n'est pas tant chrétien par nature que par force de volonté.

La ressemblance entre les deux hommes est la plus grande, ou peut-être l'influence de Tolstoï a-t-elle été la plus forte, dans leur condamnation de la civilisation européenne et occidentale.

Depuis Rousseau, notre civilisation occidentale a été attaquée par les esprits les plus libres et les plus larges d'Europe. Lorsque l'Asie a commencé à prendre conscience de sa propre puissance et à se révolter contre l'oppression occidentale, il lui a suffi de consulter les propres dossiers de l'Europe pour compiler de formidables archives sur l'iniquité de ses soi-disant envahisseurs civilisés. Gandhi n'a pas manqué de le faire et, dans son « Hind Swaraj », il cite une liste de livres, dont beaucoup ont été écrits par des Anglais, condamnant la civilisation européenne. Mais le document auquel il ne peut y avoir de réplique est celui que l'Europe elle-même a retracé dans le sang des races opprimées et spoliées au nom de principes mensongers et, par-dessus tout, dans la révélation effrontée des mensonges, de l'avidité et de la férocité de l'Europe tels qu'ils se sont déroulés. lors de la dernière guerre, appelée « Guerre pour la civilisation ». Et l' Europe y sombra si profondément que, dans sa folie, elle invita même les peuples d'Asie et d'Afrique à contempler sa nudité. Ils l'ont vue et jugée.

> La dernière guerre a montré comme nulle part ailleurs la
> nature satanique [40] de la civilisation qui domine l'Europe
> aujourd'hui. Tous les canons de la moralité publique ont été
> brisés par les vainqueurs au nom de la vertu. Aucun
> mensonge n'a été considéré comme trop grossier pour être
> prononcé. Le mobile de chaque crime n'est pas religieux ou
> spirituel mais grossièrement matériel… L'Europe
> d'aujourd'hui n'est que nominalement chrétienne. En
> réalité, c'est adorer Mammon. [41]

Vous trouverez des sentiments tels que ceux-ci exprimés à maintes reprises, au cours des cinq dernières années, tant en Inde qu'au Japon. Les dirigeants trop prudents pour les exprimer ouvertement montrent par leur attitude que telle est leur conviction la plus intime. Ce n'est pas là le résultat le moins désastreux de la victoire à la Pyrrhus de 1918.

Gandhi, cependant, avait vu le vrai visage de la civilisation occidentale bien avant 1914. Elle s'était révélée à lui sans masque au cours de sa campagne de vingt ans en Afrique du Sud, et en 1908, dans son "Hind Swaraj", il appelle la civilisation moderne la " grand vice."

La civilisation, dit Gandhi, n'a de civilisation que de nom. En réalité, cela correspond à ce que l'hindouisme ancien appelait l'âge des ténèbres. Elle a fait du bien-être matériel le seul objectif de la vie. Il méprise les valeurs spirituelles. Cela rend les Européens exaspérés, les amène à n'adorer que l'argent et les empêche de trouver la paix ou de cultiver le meilleur d'eux-mêmes. La civilisation au sens occidental du terme signifie l'enfer pour les faibles et pour les classes populaires. Cela sape la vitalité de la course. Mais cette civilisation satanique va se détruire. La civilisation occidentale est le véritable ennemi de l'Inde, bien plus que les Anglais qui, individuellement, ne sont pas mauvais, mais souffrent simplement de leur civilisation. Gandhi critique ceux de ses compatriotes qui voudraient chasser les Anglais, développer eux-mêmes l'Inde et la civiliser selon les standards européens. Cela, dit-il, reviendrait à avoir la nature d'un tigre sans le tigre. L'objectif de l'Inde devrait être de rejeter la civilisation occidentale.

Dans sa mise en accusation de la civilisation occidentale, Gandhi cible particulièrement trois catégories d'hommes : les magistrats, les médecins et les enseignants.

L'objection de Gandhi à l'égard des enseignants est tout à fait compréhensible, puisqu'ils ont amené les hindous à mépriser ou à négliger leur propre langue et à renier leurs véritables aspirations ; en fait, les enseignants en Inde ont infligé une sorte de dégradation nationale aux écoliers dont ils ont la charge. En outre, les enseignants occidentaux ne font appel qu'à l'esprit ; ils négligent l'éducation du cœur et du caractère. Enfin, ils dévalorisent le travail corporel, et répandre une éducation purement littéraire dans un pays où quatre-vingts pour cent de la population est agricole et dix pour cent industriels est positivement criminel.

Le métier de magistrat est immoral. En Inde, les tribunaux sont un instrument de domination britannique ; ils encouragent les dissensions entre les Indiens et, d'une manière générale, ils entretiennent et accroissent les malentendus et l'animosité. Ils représentent une exploitation enrichissante et lucrative des pires instincts.

Quant à la profession médicale, Gandhi admet qu'il était attiré par elle au début, mais il s'est vite rendu compte que ce n'était pas honorable. Car la science médicale occidentale se préoccupe uniquement de soulager les corps qui souffrent. Elle ne cherche pas à supprimer la cause de la souffrance et de la maladie, qui, en règle générale, ne sont que des vices. En fait, on pourrait presque dire que la science médicale occidentale encourage le vice en permettant à un homme de satisfaire ses passions et ses appétits au moindre risque possible. Cela contribue donc à démoraliser les gens ; cela affaiblit leur volonté en les aidant à se guérir eux-mêmes avec des prescriptions de « magie noire » au lieu de les forcer à renforcer leur caractère par des règles disciplinaires pour le corps et l'esprit. [42] À la fausse science médicale occidentale, que Gandhi a souvent critiquée injustement, il oppose la science médicale préventive. Il a écrit sur ce sujet une petite brochure intitulée « Un guide de santé », fruit de vingt années d'expérience. Il s'agit d'un traité moral autant que thérapeutique car, selon Gandhi, « la maladie est le résultat de nos pensées autant que de nos actes ». Il estime qu'il est relativement simple d'établir certaines règles qui permettront de prévenir les maladies. Car toutes les maladies proviennent de la même origine, c'est-à-dire . e., de la négligence des lois naturelles de la santé. Le corps est la demeure de Dieu. Il doit rester pur. Il y a du vrai dans le point de vue de Gandhi, mais il refuse un peu trop obstinément de reconnaître l'efficacité de remèdes qui se sont réellement révélés utiles. Ses préceptes moraux sont également extrêmement rigides. [43]

<h2 style="text-align:center">§ 7</h2>

Mais le noyau de la civilisation moderne, son cœur, pour ainsi dire, est la machinerie. L'ère du fer ! Cœur de fer ! La machine est devenue une idole monstrueuse. Il faut l'éliminer. Le désir le plus ardent de Gandhi est de voir les machines disparaître de l'Inde. À une Inde libre, héritière de la machinerie britannique, il préférerait une Inde dépendante du marché britannique. Il vaudrait mieux acheter des matériaux fabriqués à Manchester plutôt que d'implanter des usines de Manchester en Inde. Un Rockefeller indien ne vaudrait pas mieux qu'un capitaliste européen. La machinerie est le grand péché qui asservit les nations, et l'argent est un poison autant que le vice sexuel.

Cependant, les progressistes indiens, imprégnés d'idées modernes, se demandent ce qu'il adviendrait de l'Inde si elle n'avait pas de chemins de fer, de tramways ou d'industries ? A cela Gandhi demande si l'Inde n'existait pas avant son invention ? Pendant des milliers d'années, l'Inde a résisté, seule et inébranlable, au flot changeant des empires. Tout le reste est passé. Mais il y a des milliers d'années, l'Inde a appris l'art de la maîtrise de soi et maîtrisé la science du bonheur. Elle n'a rien à apprendre des autres nations. Elle n'a pas besoin des machines des grandes villes. Son ancienne prospérité était fondée sur la charrue et le rouet, ainsi que sur la connaissance de la philosophie hindoue. L'Inde doit retourner aux sources de sa culture ancienne. Pas d'un seul coup, bien sûr, mais progressivement. Et chacun doit contribuer à l'évolution. [44]

C'est l'argument fondamental de Gandhi. C'est une question très importante qui nécessite un débat. Car cela représente un déni du progrès et, virtuellement, de la réussite scientifique de l'Europe. [45] Cette conception médiévale est donc susceptible de se heurter à la marche en avant volcanique de l'esprit humain et court le risque d'être réduite en miettes. Mais, avant tout, il serait peut-être plus sage de parler de « marche en avant d'une certaine *phase* de l'esprit humain », car si l'on peut croire, comme je le crois, à l'unité symphonique de l'esprit universel, il faut se rendre compte qu'il est composé de nombreuses voix différentes, chacune chantant sa propre partie. Notre jeune Occident, emporté par sa propre partition, ne se rend pas suffisamment compte qu'il n'a pas toujours mené la chansonnette, ni que sa propre loi du progrès est sujette aux éclipses, aux reculs et aux recommencements ; que l'histoire de la civilisation humaine est en réalité une histoire des civilisations humaines, et que si dans le domaine de chaque civilisation un certain progrès peut être discerné, un progrès irrégulier, chaotique, brisé et parfois complètement arrêté, il serait faux de dire que la prédominance d'une grande civilisation sur une autre implique nécessairement un progrès humain général.

Mais sans entrer dans une discussion sur le dogme européen du progrès et en gardant simplement à l'esprit que ce dogme, tel qu'il est, entre en conflit avec la foi de Gandhi, nous devons comprendre qu'aucun conflit n'affaiblira la foi de Gandhi. Croire autre chose serait montrer une ignorance totale du fonctionnement de l'esprit oriental. Comme le dit Gobineau : « Les Asiatiques sont bien plus obstinés que nous, en tous points. Ils attendront des siècles, s'il le faut, l'accomplissement de leur idéal, et quand il se lève triomphant après un si long sommeil, il ne semble pas avoir vieilli ni vieilli. perdu toute sa vitalité." Les siècles ne signifient rien pour un hindou. Gandhi est prêt pour le triomphe de sa cause d'ici un an. Mais il y est également préparé au cours de plusieurs siècles. Il ne force pas le temps. Et si le temps se presse lentement, il règle sa démarche par sa marche.

Si donc, au cours de sa campagne, Gandhi trouve l'Inde insuffisamment préparée à comprendre et à mettre en pratique les réformes radicales qu'il souhaite imposer, il adaptera sa doctrine aux conditions. Il attendra son heure. C'est pourquoi il n'est pas étonnant d'entendre l'ennemi irréconciliable de la machine déclarer, en 1921 :

> Je ne pleurerais pas sur la disparition des machines ni ne
> considérerais cela comme une calamité. Mais pour l'instant,
> je n'ai pas de projet sur les machines en tant que telles. [46]

Ou:

> La loi de l'Amour complet est la Loi de mon être. Mais je ne prêche pas cette loi définitive à travers les mesures politiques que je préconise. Je sais qu'une telle tentative est vouée à l'échec. S'attendre à ce qu'une masse entière d'hommes et de femmes obéissent d'un seul coup à cette loi, ce n'est pas en connaître le fonctionnement. [47] Je ne suis pas un visionnaire. Je prétends être un idéaliste pratique. [48]

Gandhi ne demande jamais aux hommes plus que ce qu'ils peuvent donner. Mais il demande tout ce qu'ils peuvent donner. Et c'est beaucoup dans une nation comme l'Inde – une nation formidable, par sa puissance numérique, sa force de durée et son âme abyssale. Dès le début, Gandhi et l'Inde ont formé un pacte ; ils se comprennent sans mots. Gandhi sait ce qu'il peut exiger de l'Inde, et l'Inde est prête à donner tout ce que Gandhi peut exiger.

Entre Gandhi et l'Inde règne avant tout un accord absolu sur l'objectif : *Swaraj*, l'autonomie de la nation. [49]

"Je sais", dit-il, "que *Swaraj* est l'objet de la nation et non de la non-violence".

Et il ajoute – des mots étonnants sur ses lèvres : « Je préférerais voir l'Inde libérée par la violence plutôt qu'enchaînée comme l'esclave de ses oppresseurs étrangers.

Mais, poursuit-il en se corrigeant aussitôt, c'est une supposition impossible, car la violence ne pourra jamais libérer l'Inde. *Swaraj* ne peut être atteint que par la force de l'âme. C'est là la véritable arme de l'Inde, l'arme invincible de l'amour et de la vérité. Gandhi l'exprime par le terme *Satyagraha*, qu'il définit comme force de vérité et force d'amour. [50] Le génie de Gandhi s'est révélé lorsque, par la prédication de cet évangile, il a révélé à son peuple sa véritable nature et sa force cachée.

Gandhi a utilisé le mot *Satyagraha* en Afrique du Sud pour expliquer la différence entre son idéal et celui de la résistance passive. Un accent particulier doit être mis sur la différence entre ces deux mouvements. Rien n'est plus faux que de qualifier la campagne de Gandhi de mouvement de résistance passive. Nul n'a plus horreur de la passivité que cet infatigable combattant, qui est l'une des incarnations les plus héroïques de l'homme qui *résiste*. L'âme de son mouvement est la résistance active, une résistance qui trouve son issue non pas dans la violence, mais dans la force active de l'amour, de la foi et du sacrifice. Cette triple énergie est exprimée dans le mot *Satyagraha*.

Ne laissez pas le lâche essayer de cacher sa lâcheté sous la bannière de Gandhi ! Gandhi le chasse de la communauté. Mieux vaut la violence que la lâcheté !

> Là où il n'y a qu'un choix entre la lâcheté et la violence , je conseille la violence.... [51] Je cultive le courage tranquille de mourir sans tuer. Mais à celui qui n'a pas ce courage, je conseille celui de tuer et d'être tué, plutôt que celui de fuir honteusement devant le danger. Car celui qui s'enfuit commet une violence mentale ; il s'enfuit parce qu'il n'a pas le courage d'être tué pendant qu'il tue. [52]

> Je risquerais mille fois la violence plutôt que l'émasculation de la race. [53] Je préférerais que l'Inde recoure aux armes pour défendre son honneur plutôt que de devenir ou de rester lâchement une victime impuissante de son propre déshonneur. [54]

> Mais je crois que la non-violence est infiniment supérieure à la violence, le pardon plus viril que la punition. Le pardon orne un soldat. L'abstinence n'est pardon que lorsqu'il existe le pouvoir de punir ; cela n'a aucun sens lorsqu'il prétend provenir d'une créature impuissante... Je ne crois pas que l'Inde soit impuissante. Cent mille Anglais ne doivent pas effrayer trois cent millions d'êtres humains.

> En plus.

> La force ne vient pas de la capacité physique. Cela vient d'une volonté indomptable. La non-violence ne signifie pas une soumission douce à la volonté du malfaiteur, mais le fait de mettre toute son âme contre la volonté du tyran. En travaillant selon cette loi de notre être, il est possible pour un seul individu de défier toute la puissance d'un empire injuste et de jeter les bases de la chute ou de la régénération de cet empire.

Mais au prix de quoi ? De *la souffrance* , la *grande loi.*

> La souffrance est la marque de la tribu humaine. C'est une loi éternelle. [55] La mère souffre pour que son enfant puisse vivre. La vie sort de la mort. La condition de la culture du blé est que la graine doit périr. Aucun pays ne s'est jamais élevé sans avoir été purifié par le feu de la souffrance... Il est impossible de supprimer la loi de la souffrance qui est la seule condition indispensable de notre être. Le progrès se mesure à la quantité de souffrance subie... plus la souffrance est pure, plus le progrès est grand. [56]

> La non-violence dans sa condition dynamique signifie une souffrance consciente... J'ai osé placer devant l'Inde l'ancienne loi du sacrifice de soi, la loi de la souffrance. Les *Rishis* qui ont découvert la loi de la non-violence au milieu de la violence étaient de plus grands génies que Newton, de plus grands guerriers que Wellington. Ayant eux-mêmes connu l'usage des armes, ils ont réalisé leur inutilité et ont enseigné à un monde fatigué que le salut ne réside pas dans la violence mais dans la non-violence... La religion de la non-violence n'est pas destinée uniquement aux Rishis et aux *saints* . Il s'adresse également aux gens ordinaires. La non-violence est la loi de notre espèce comme la violence est la loi de la brute. La dignité de l'homme exige l'obéissance à une loi supérieure : à la force de l'esprit... Je veux que l'Inde pratique la non-violence en étant consciente de sa force et de sa puissance. Je veux que l'Inde reconnaisse qu'elle a une âme qui ne peut pas périr et qui peut triompher de toute faiblesse physique et défier la combinaison physique de tout un monde. [57]

Sa fierté exaltée, son amour fier de l'Inde, exigent qu'elle méprise la violence comme indigne et soit prête à se sacrifier. La non-violence est son titre de noblesse. Si elle l'abandonne, elle tombe. Gandhi ne peut pas supporter cette pensée.

> Si l'Inde faisait de la violence son credo, je n'aimerais pas vivre en Inde. Elle cesserait d'évoquer en moi toute fierté. Mon patriotisme est soumis à ma religion. Je m'accroche à l'Inde comme un enfant au sein de sa mère parce que je sens qu'elle me donne la nourriture spirituelle dont j'ai besoin. Si elle me laissait tomber, je me sentirais orpheline, sans espoir de trouver un jour un tuteur. Alors les altitudes enneigées de l'Himalaya doivent donner tout le repos qu'elles peuvent à mon âme ensanglantée.... [58]

§ 8

Mais Gandhi ne doute pas de l'endurance de l'Inde. En février 1919, il décide de lancer le mouvement *Satyagraha* , dont l'efficacité avait déjà été testée lors de la révolte agraire de 1918.

La campagne n'est pas du tout politique pour l'instant : Gandhi est toujours un loyaliste. Et il le restera tant qu'il conservera une once de confiance dans la loyauté de l'Angleterre. Jusqu'en janvier 1920, il prôna la coopération avec l'Empire, même si les nationalistes le critiquèrent amèrement. [59] Les arguments de Gandhi sont inspirés par sa conviction sincère, et au cours de la première année de sa campagne contre le gouvernement, il pouvait sincèrement assurer à Lord Hunter qu'il croyait que les disciples de *Satyagraha* étaient les partisans les plus fidèles de la Constitution. Seule l'obstination bornée du gouvernement a contraint le guide moral de l'Inde à finalement rompre le contrat de loyauté par lequel il se considérait comme un chien.

Satyagraha prend donc dans un premier temps la forme d'une opposition constitutionnelle au gouvernement. C'est un appel respectueux à certaines réformes urgentes. Le gouvernement est coupable d'avoir adopté une loi injuste. Les *Satyagrahi* , qui sont des gens respectueux de la loi, désobéiront délibérément à cette loi, car ils la considèrent comme injuste. Si leur attitude ne convainc pas le gouvernement de la nécessité d'abroger la loi, ils étendront leur désobéissance à d'autres lois et pourraient éventuellement cesser toute coopération avec le gouvernement. Mais comme le sens que l'Inde donne à ce mot est différent de celui que nous lui donnons en Occident ! Quel héroïsme religieux extraordinaire qu'il contient !

Comme les *Satyagrahi* ne sont pas autorisés à recourir à la violence pour faire avancer leur cause (l'idée étant que l'adversaire est également sincère, puisque ce qui semble vrai à une personne peut paraître faux à une autre, alors que la violence n'emporte jamais de conviction), [60 | ils doivent compter uniquement sur la force d'amour qui rayonne de leur foi et sur leur volonté d'accepter la souffrance et de se sacrifier joyeusement et librement. [61] Cela constitue une propagande irrésistible. Avec elle, la croix du Christ et son petit troupeau ont conquis l'Empire romain.

Afin de souligner le caractère religieux de la volonté du peuple de se sacrifier pour les idéaux éternels de justice et de liberté, le Mahatma a inauguré le mouvement en fixant le 6 avril 1919 [62] comme jour de prière et de jeûne, en imposant une *hartal* de toute l'Inde. [63] C'était la première étape.

Ce premier pas toucha le cœur du peuple, toucha sa conscience la plus profonde. Pour la première fois, toutes les classes sociales de l'Inde s'unirent dans le même idéal. L'Inde s'est retrouvée.

L'ordre régnait partout. A Delhi seulement, il y eut quelques troubles. [64] Gandhi entreprit de les calmer. Mais le gouvernement le fit arrêter et le renvoya à Bombay. La nouvelle de son arrestation a provoqué des émeutes au Pendjab ; à Amritsar, des maisons ont été pillées et quelques personnes ont été tuées. Dans la nuit du 11 avril, le général Dyer arriva avec ses troupes et occupa la ville. L'ordre régnait partout. Le quinzième était une grande fête hindoue. Une réunion devait avoir lieu dans un espace ouvert appelé Jallianwalla Bagh. La foule était paisible et comptait de nombreuses femmes et enfants. La veille au soir, le général Dyer avait émis un ordre interdisant les réunions publiques, mais personne n'en avait entendu parler. Le général, cependant, est venu à Jallianwalla Bagh avec ses mitrailleuses et, sans sommation, a ouvert le feu sur la masse sans défense de la population. Le tir dura environ dix minutes, jusqu'à épuisement des munitions. Le terrain étant entouré de hauts murs, personne ne pouvait s'échapper. De cinq à six cents Hindous furent tués et un nombre bien plus important de blessés. Il n'y avait personne pour soigner les morts et les blessés. À la suite du massacre, la loi martiale fut proclamée et un règne de terreur s'étendit sur le Pendjab. Des avions ont lancé des bombes sur la foule non armée. Les citoyens les plus honorables ont été traînés devant les tribunaux, fouettés, forcés de ramper à genoux et soumis aux indignités les plus choquantes. C'était comme si un vent de folie soufflait sur les dirigeants anglais. C'était comme si la loi de non-violence, proclamée par l'Inde, rendait la violence européenne jusqu'à la frénésie. Gandhi voyait que le sang et la souffrance étaient à venir. Mais il n'avait pas promis de mener son peuple à la victoire sur la voie blanche. Il les avait prévenus que le chemin serait lavé de sang. Jallianwalla Bagh n'était qu'un début :

> Nous devons être prêts à envisager avec sérénité non pas un millier de meurtres d'hommes et de femmes innocents, mais plusieurs milliers avant d'atteindre un statut dans le monde qui ne sera surpassé par aucune nation. plutôt que de perdre courage et de considérer la pendaison comme une affaire ordinaire de la vie. [65]

En raison de la censure militaire rigoureuse, les nouvelles des horreurs du Pendjab n'ont pas été divulguées pendant plusieurs mois. Mais lorsqu'elle fut divulguée [66], une vague d'indignation déferla sur l'Inde et alarma même l'opinion anglaise. Une enquête fut ordonnée et Lord Hunter présida la commission.

Entre-temps, le Congrès national indien a formé une sous-commission chargée de mener des enquêtes indépendamment du gouvernement, mais dans le même esprit. Il était dans l'intérêt évident du gouvernement, comme le réalisaient tous les Anglais intelligents, de punir les coupables du massacre d'Amritsar. Gandhi n'en exigeait pas autant. Dans son admirable modération, il ne demanda pas la punition du général Dyer et des officiers coupables. En les dénonçant, il n'éprouvait aucune amertume et ne cherchait aucune vengeance. On n'en veut pas à un fou. Mais il faut le mettre là où il ne peut causer aucun dommage. Gandhi a donc simplement demandé que le général Dyer soit rappelé. Mais *quos vult perdre*. ... Avant que les résultats de l'enquête puissent être publiés, le gouvernement a adopté une loi sur l'indemnisation des employés officiels. Bien que Dyer ait été démis de ses fonctions, il a été récompensé par de l'argent provenant de sources privées.

Alors que l'Inde était encore en effervescence après l'affaire du Pendjab, un deuxième conflit surgit entre le gouvernement et le peuple, plus grave cette fois, car il impliquait une violation flagrante des promesses solennelles. L'attitude du gouvernement brisa la confiance que l'Inde avait encore dans la bonne foi des dirigeants anglais et provoqua la grande révolte.

La guerre européenne avait placé les musulmans de l'Inde face à un dilemme très douloureux. Ils étaient tiraillés entre leur devoir de citoyens loyaux de l'empire et de fidèles disciples de leur chef religieux. Ils acceptèrent d'aider l'Angleterre lorsqu'elle promettait de ne pas attaquer la souveraineté du sultan ou du calife. L' opinion musulmane en Inde pensait que les Turcs devaient rester en Turquie en Europe et que le sultan devait conserver non seulement son autorité sur les lieux saints de l'Islam, mais aussi sur l'Arabie délimitée par les érudits mahométans avec les enclaves de Mésopotamie, de Syrie, et la Palestine. C'est ce que Lloyd George et le vice-roi ont promis solennellement. Cependant, une fois la guerre terminée, toutes les promesses furent oubliées. Et quand les rumeurs sur les conditions de paix qui seraient imposées à la Turquie commencèrent à circuler en 1919, les musulmans en Inde commencèrent à devenir agités, et leur mécontentement déclencha finalement le mouvement Khilafat ou Califat .

Elle commença le 17 octobre 1919 (jour du Khilafat), par une imposante manifestation pacifique, qui fut suivie, environ un mois plus tard (24 novembre), par l'ouverture d'une conférence pan-indienne du Khilafat à Delhi. Gandhi a présidé. D'un coup d'œil rapide, il avait compris que l'agitation islamique pouvait devenir l'instrument de l'unité indienne. Le problème de l'unification des différentes races en Inde était des plus difficiles. Les Anglais avaient toujours profité de l'inimitié naturelle entre hindous et musulmans ; Gandhi les accuse même de l'avoir favorisé. En tout cas, ils n'ont jamais cherché à concilier les deux peuples, qui se défiaient puérilement. Pour ennuyer les mahométans, par exemple, les hindous se faisaient un devoir de chanter lorsqu'ils passaient devant les mosquées où le silence devait régner, tandis que les mahométans ne perdaient aucune occasion de railler le culte de la vache des hindous. Une mauvaise volonté mutuelle et une animosité persistante régnaient entre les deux races, qui ne s'associaient jamais et n'étaient pas autorisées à se marier ou même à manger en commun. Le gouvernement anglais reposait doucement sur le coussin d'une confiance implicite dans l'impossibilité pour les deux pays de s'entendre et d'adopter jamais une politique commune. Ainsi, lorsque la voix de Gandhi proclama l'identité de la cause hindoue et musulmane, elle se réveilla en sursaut. Dans un élan de générosité, qui s'est avéré être une saine politique, Gandhi a exhorté les hindous à faire tout ce qui était en leur pouvoir pour faire avancer les revendications mahométanes.

> Hindous, Parsis, chrétiens ou juifs, si nous souhaitons vivre
> comme une seule nation, l'intérêt de chacun d'entre nous

doit être l'intérêt de tous. La seule considération décisive
peut être la justice d'une cause particulière.

Le sang mahométan s'était déjà mêlé à celui des hindous lors du tragique massacre d'Amritsar. Il fallait maintenant que les deux peuples scellent leur alliance, une alliance inconditionnelle. Les musulmans constituaient l'élément le plus avancé et le plus audacieux de l'Inde. Et ils ont été les premiers à annoncer, lors de cette conférence du Califat, qu'ils refuseraient de coopérer avec le gouvernement si leurs revendications n'étaient pas satisfaites. Gandhi approuva cette mesure, mais dans son horreur innée des extrêmes, il refusa à l'époque de préconiser le boycott des produits britanniques, car il considérait le boycott comme une expression de faiblesse ou de soif de vengeance. Une deuxième Conférence du Califat se réunit à Amritsar fin décembre 1919 et décida d'envoyer une députation en Europe pour informer le gouvernement anglais et le Conseil suprême de l'Inde de l'attitude de l'Inde. Il vota également l'envoi d'un ultimatum au vice-roi, le prévenant des difficultés si les conditions de paix s'avéraient insatisfaisantes. Finalement, une troisième conférence, réunie à Bombay en février 1920, publia un manifeste qui, dans sa violente mise en accusation de la politique britannique, était un précurseur de la tempête à venir.

Gandhi réalisa que la tempête se préparait et, au lieu d'essayer de la déclencher, il fit tout ce qui était en son pouvoir pour en briser la violence.

Il semblait que l'Angleterre aussi se rendait compte du danger. Par des concessions tardives, elle semblait faire des efforts désespérés pour éviter les conséquences de son ancienne attitude. Une loi de réforme indienne basée sur le rapport Montagu-Chelmsford a donné aux Indiens plus d'influence au sein du gouvernement central ainsi que dans les administrations locales. Le roi approuva la loi par une proclamation du 24 décembre 1919, dans laquelle il invitait le peuple indien et les fonctionnaires à coopérer de toutes les manières avec le gouvernement, tout en exhortant également le vice-roi à pardonner les délits politiques et en recommandant une amnistie générale. Gandhi, toujours prêt à croire en la bonne foi de l'adversaire, interpréta ces mesures comme signifiant une sorte d'accord tacite pour traiter plus justement l'Inde, et il appela le peuple à accueillir favorablement les réformes. Il a reconnu qu'elles étaient insuffisantes, mais il a ajouté qu'elles devraient être acceptées comme le point de départ de plus grandes victoires. Il a exhorté la conférence à les approuver sans réserve. Après un débat houleux, le Congrès national indien a adopté son point de vue.

Mais il est vite devenu évident que les espoirs de Gandhi reposaient sur des illusions. Le vice-roi n'écouta pas l'appel à la clémence du roi et, au lieu de libérer les prisonniers, les portes des prisons ne s'ouvrirent que pour les exécutions. Il est devenu évident que les réformes promises resteraient inopérantes.

A cela s'ajoute la nouvelle des conditions de paix imposées à la Turquie le 14 mai 1920. Dans un message au peuple, le vice-roi admet qu'elles seront décevantes, mais il conseille aux musulmans de se résigner à l'inévitable.

Vint ensuite la publication du rapport officiel sur les massacres d'Amritsar. C'était la goutte d'eau qui a fait déborder le vase.

La conscience nationale de l'Inde a été éveillée. Tous les liens étaient rompus.

Le Comité Khilafat, réuni à Bombay le 28 mai 1920, adopta une résolution adoptant la politique de non-coopération de Gandhi, et cette résolution fut ratifiée à l'unanimité par la Conférence musulmane d'Allahabad, le 80 juin 1920.

Gandhi, entre-temps, écrivit une lettre ouverte au vice-roi l'informant que le mouvement de non-coopération allait commencer. Il explique pourquoi il y a eu recours, et ses arguments méritent d'être étudiés, car ils prouvent que Gandhi espérait déjà à cette époque éviter une rupture avec l'Angleterre. Au fond de son cœur , il espérait encore que le gouvernement pourrait être amené à s'amender par des méthodes purement juridiques :

> La seule voie qui s'offre à moi est soit de rompre désespérément tout lien avec la domination britannique, soit, si je garde toujours foi dans la supériorité inhérente de la Constitution britannique, d'adopter des moyens qui permettront de réparer le tort commis et ainsi restaurer la confiance. Je n'ai pas perdu confiance dans la supériorité de la Constitution britannique et c'est parce que j'y crois que j'ai conseillé à mes amis musulmans de retirer leur soutien au gouvernement de Votre Excellence et que j'ai conseillé aux hindous de les rejoindre.

Et ce noble citoyen de l'empire méprisé par l'orgueil aveugle de l'empire.

----

[1] Comme le dit CF Andrews : « Il rit comme un enfant et adore les enfants. »

[2] "Peu de gens peuvent résister au charme de sa personnalité. Ses ennemis les plus acharnés deviennent courtois lorsqu'ils sont confrontés à sa belle courtoisie." (Joseph J. Doke.)

[3] "Tout écart par rapport à la vérité, aussi insignifiant soit-il, lui est intolérable." (CFAndrews.)

[4] « Ce n'est pas un orateur passionné ; son manière est calme et sereine et il fait particulièrement appel à l'intelligence. Mais sa sérénité met le sujet qu'il aborde sous le plus clair jour. Les inflexions de sa voix ne sont pas variées mais elles sont intensément sincère. Il ne fait jamais aucun geste avec les bras, il bouge même rarement le doigt. Mais ses paroles lumineuses, exprimées en phrases laconiques et concises, sont empreintes de conviction. Il n'abandonne jamais un sujet avant d'avoir le sentiment de l'avoir parfaitement clair. ". (Joseph J. Doke.)

[5] « Young India », 2 mars 1922. Les dates citées dans les notes de ce volume font référence à la date de publication des articles de Gandhi dans « Young India ».

[6] *A* , privatif, *himsa* , faire le mal. D'où *l'ahimsa* , principe de ne nuire à aucune forme de vie, la non-violence. C'est l'un des préceptes les plus anciens de l'hindouisme, proclamé par Mahavira, le fondateur du jaïnisme , par Bouddha, ainsi que par les disciples de Vishnu.

[7] Il a fréquenté l'école primaire de Porbandar jusqu'à l'âge de sept ans, puis l'école publique de Rajkot jusqu'à dix ans. Après cela, il est allé au lycée de Katyavar jusqu'à ce qu'à l'âge de dix-sept ans, il entre à l'Université d'Ahmedabad.

[8] Il a décrit son enfance dans un discours prononcé à la Conférence des Parias, le 13 avril 1921.

[9] Longtemps après, il raconta à Joseph Doke l'angoisse qu'il avait souffert après avoir mangé de la viande. Il était incapable de dormir ; il se sentait comme un meurtrier.

[10] Il n'est cependant pas favorable aux mariages d'enfants et a fait campagne contre eux, au motif qu'ils affaiblissent la race. Dans des cas exceptionnels, cependant, il dit que de telles unions, scellées avant que le caractère de l'individu ne soit façonné, peuvent construire entre mari et femme une relation de sympathie et d'harmonie d'une exceptionnelle beauté. La propre épouse de Gandhi en est un admirable exemple. Mme Gandhi a partagé toutes les épreuves et adversités de son mari avec une détermination sans faille et un courage indomptable.

[11] Discours du 13 avril 1921.

[12] Ces deux hommes, précurseurs, ont souffert de l'ingratitude et de l'oubli des jeunes générations. Leur idéal politique ayant été dépassé, leurs efforts pour ouvrir la voie ont été dépréciés. Gandhi, cependant, a toujours réalisé leur contribution à la cause et est resté fidèle à eux, en particulier à Gokhale, pour qui il éprouvait une affection profonde et presque religieuse. Il parle fréquemment de Gokhale et Dadabhai comme d'hommes que la Jeune Inde

devrait vénérer. (Voir « Hind Swaraj, Lettre aux Parsecs, Young India », 23 mars 1921, et Confession de foi, 13 juillet 1921.)

[13] Une longue lettre de Tolstoï à Gandhi est publiée dans le « Nombre d'or » de « Indian Opinion ». Il fut écrit le 7 septembre 1910, peu avant la mort de Tolstoï . Tolstoï avait lu « L'Opinion indienne » et il était heureux d'entendre parler des Indiens non résistants. Il a salué leur campagne et affirme que la non-résistance est la loi de l'amour, une aspiration à faire partie de la communion des âmes humaines. C'est la loi du Christ et de tous les dirigeants spirituels du monde.

Mon ami Paul Biroukoff a trouvé plusieurs autres lettres de Tolstoï à Gandhi dans les archives Tolstoï à Moscou. Il envisage de les publier dans un volume intitulé « Tolstoï et l'Orient », en les ajoutant à plusieurs autres lettres écrites par Tolstoï à divers grands hommes de l'Orient.

[14] Gandhi lui-même raconte avec son humour discret ses expériences en prison dans un article curieux publié dans le volume « Discours et écrits de MK Gandhi », Natesan, Madras, pp. 152-178.

[15] En 1907, Gandhi fut victime de la violence de ses propres compatriotes, car sa modération était regardée avec méfiance par certains Indiens, tandis que le gouvernement, en revanche, faisait tout ce qui était en son pouvoir pour le compromettre. Gandhi a donc souffert de la violence des opprimés comme de celle des oppresseurs.

[16] Je m'attarderai un peu plus longuement sur "Hind Swaraj", plus tard.

[17] Joseph J. Doke, intéressant par ses entretiens avec Gandhi, raconte dans le dernier chapitre de son livre comment, en 1908, Gandhi fut conduit au fort de Johannesburg en tenue de prison et jeté dans une cellule avec des civils chinois. criminels de la pire espèce.

[18] Deux Anglais de noblesse d'esprit, CF Andrews et WW Pearson, ont soutenu les efforts de Gandhi par tous les moyens en leur pouvoir.

[19] Gandhi y fait référence dans un article daté du 12 mai 1920.

[20] Peu de temps avant sa mort, Gokhale, le maître bien-aimé de Gandhi, avait suggéré à Gandhi de faire un voyage à travers l'Inde et d'étudier les conditions de première main, avant de se lancer en politique. Et Gandhi avait promis de ne pas prendre une part active à la vie politique indienne pendant un an.

[21] On peut dire que le mouvement Satyagraha a commencé le 28 février 1919.

[22] Gandhi a expliqué son attitude envers le bolchevisme le 24 novembre 1921.

[23] 11 août 1920 : Gandhi proteste contre la doctrine de l'épée.

[24] "L'humanité est une. Il existe différentes races, mais plus une race est élevée, plus ses devoirs sont grands." ("Religion éthique")

[25] 5 novembre 1919.

[26] 27 octobre 1920.

[27] 6 octobre 1921.

[28] Toutes les religions sont comme des chemins différents menant au même but. ("Hind Swaraj.") "Toutes les religions sont fondées sur les mêmes lois morales. Ma religion éthique est composée de lois qui lient les hommes du monde entier." (« Religion éthique. »)

[29] 6 octobre 1921.

[30] Étymologiquement, *varna*, couleur, classe ou caste ; *ashrama*, lieu de discipline ; *dharma*, religion. En d'autres termes, la société signifie « discipline des castes ».

[31] 25 février 1920. Dans une deuxième ligne, Gandhi ajoute : « Ruskin et Tolstoï ».

[32] "Recherchez le Royaume de Dieu et sa justice et toutes ces choses vous seront données par-dessus."

[33] « Jeune Inde », 25 février 1920.

[34] Il dit à Joseph J. Doke en 1908 que Dieu s'est incarné à travers les âges, sous différentes formes, car, comme l'explique la Gîtâ, Krishna dit : « Quand la religion tombe dans la décadence et que l'incrédulité prévaut, je me manifeste. Pour la protection de tout ce qui est bien et la destruction de tout ce qui est mal, pour l'établissement du Dharma, je dois naître et renaître, pour toujours et à jamais." Le christianisme fait partie de la théologie de Gandhi. Le Christ est une révélation rayonnante de Dieu. Mais ce n'est pas la seule révélation. Il n'est pas assis seul sur le trône.

[35] Le « Hind Swaraj » contient une liste d'une soixantaine d'œuvres de Tolstoï que Gandhi recommande à ses disciples, parmi lesquelles « Le Royaume de Dieu est en vous, qu'est-ce que l'art ? et "Que devons-nous faire?" Il dit à Joseph Doke que Tolstoï l'a profondément influencé, mais qu'il n'est pas d'accord avec les idéaux politiques de Tolstoï. A une question qui lui fut posée en 1921 sur ses sentiments et son opinion à l'égard du comte Tolstoï, Gandhi répond (dans "Young India" du 25 octobre 1921) : "Ma relation avec lui était celle d'un admirateur dévoué qui lui doit beaucoup dans la vie. ".

[36] Il aimait particulièrement la « Couronne d'olives sauvages » de Ruskin.

[37] « Apologie et mort de Socrate », traduit par Gandhi, était l'un des livres confisqués par le gouvernement indien en 1919.

[38] En ce qui concerne le culte des vaches, voir « Young India », 16 mars, 8 juin, 29 juin, 4 août 1920 et 18 mai, 6 octobre 1921. En ce qui concerne les castes, voir les articles du 8 décembre 1920 et 6 octobre 1921.

[39] Ceci est conforme aux Upanishads, car lorsque les classes primitives se sont durcies en castes fières, au cours des siècles, ces écritures hindoues expriment protestation et désapprobation.

[40] Terme souvent utilisé par Gandhi. "L'intouchabilité est une invention de Satan." (19 juin 1921.)

[41] 8 septembre 1920.

[42] Il ne faut pas oublier que l'un des principaux arguments de Gandhi contre la science médicale européenne est son recours à la vivisection, qu'il qualifie de « crime le plus noir de l'homme ».

[43] Notamment en ce qui concerne les relations sexuelles. La doctrine de Gandhi ressemble à celle de saint Paul par son rigorisme.

[44] "Hind Swaraj."

[45] Bien que Gandhi n'approuve pas la science européenne, il réalise la nécessité de la réussite scientifique. Il admire le zèle désintéressé et l' esprit d'abnégation des hommes de science européens et qualifie souvent leur abnégation de plus grande que celle des croyants hindous. Mais il désapprouve le but qu'ils poursuivent même s'il admire leur état d'esprit. Il existe un antagonisme évident entre Gandhi et la science européenne. Et à ce propos , nous verrons plus loin comment Tagore proteste contre le médiévisme de Gandhi.

[46] 19 janvier 1921.

[47] 9 mars 1920.

[48] 11 août 1920.

[49] Etymologie : *Swa* , soi ; *Raj* , gouvernement, autonomie. Le mot est aussi vieux que les Vedas, mais il a été adopté par Dadabhai , le maître Parsee de Gandhi, qui l'a intégré au vocabulaire politique.

[50] Étymologie : *Satya* , juste comme il faut ; *Agraha* , tentative, effort. D'où *Satyagraha* , un effort juste, au sens de non-acceptation ou de résistance à l'injustice. Gandhi le définit, le 5 novembre 1919, comme signifiant « s'accrocher à la vérité, donc à la force de la vérité ». Et il ajoute : "Je l'ai également défini comme force d'amour ou force d'âme."

[51] 11 août 1920.

[52] 20 octobre 1921.

[53] 4 août 1920.

[54] 11 août 1920. L'une des règles du *Satayagraha Ashram* , l'école fondée par Gandhi, est « l'absence de peur ». L'esprit doit être libéré de la peur des rois, des nations, des castes, de la famille, des hommes, des bêtes sauvages et de la mort. C'est aussi la quatrième condition de la résistance non-violente dans l' Hindra . Les autres sont la chasteté, la pauvreté et la vérité.

[55] 16 juin 1920.

[56] 11 août 1920.

[57] 6 avril 1921.

[58] Quelques mois avant son emprisonnement, Gandhi répond aux critiques quant à « l'illogisme » de sa conduite. Ses détracteurs se moquent de l'aide qu'il a apportée à l'Angleterre en Afrique du Sud et pendant la Guerre mondiale. Gandhi, en répondant, ne cherche pas à éluder le problème. Il croyait sincèrement, dit-il, qu'il était citoyen de l'empire ; ce n'était pas à lui de juger le gouvernement. Il estimerait qu'il serait erroné que chacun se considère comme justifié de critiquer le gouvernement. Il avait confiance dans la sagesse et la loyauté de l'Angleterre aussi longtemps que possible. L'aberration du gouvernement a détruit sa confiance en lui. Laissons le gouvernement en assumer les conséquences ! (17 novembre 1921.)

[59] 6 avril 1921.

[60] Au contraire, la violence dégrade celui qui en fait usage. La violence des Alliés les rendait semblables aux Allemands, dont ils écorchaient les actes, au début de la guerre. (9 juin 1920.)

[61] La fibre la plus dure doit fondre dans le feu de l'amour. S'il ne fond pas, c'est que le feu n'est pas assez fort. (9 mars 1920.) Ceux qui rejoignaient le mouvement *Satyagraha* devaient promettre de désobéir aux lois déclarées injustes par le comité *Satyagraha* , *de suivre le chemin de la vérité et de s'abstenir de toute violence contre les vies, les personnes ou les biens.* de leurs adversaires.

[62] 23 mars 1919.

[63] Ce mot hindoustani d'origine mahométane signifie cessation de travail.

[64] Delhi, d'ailleurs, s'est trompé dans la date du *hartal* et l'a célébré le 30 mars.

[65] 7 avril 1920.

[66] Gandhi, pour calmer l'effervescence au lieu de tenter de l'exploiter comme l'aurait fait un leader révolutionnaire ordinaire, suspend le mouvement le 18 avril.

DEUXIÈME PARTIE

§ 1

Le 28 juillet 1920, Gandhi annonça que la non- coopération serait proclamée le 1er août et, en guise de mesure préparatoire, il ordonna qu'une journée de jeûne et de prière ait lieu la veille. Il ne craignait pas la fureur du gouvernement, mais il craignait la fureur de la population, et il ne ménageait aucun effort pour faire régner l'ordre et la discipline dans les rangs indiens. Il a déclaré :

> coopération efficace dépend d'une organisation complète.
> Le désordre vient de la colère. Il ne doit y avoir aucune
> violence. La violence signifie dans notre cas une régression
> et un gaspillage inutile de vies innocentes. Il faut avant tout
> que l'ordre soit complet.

Les tactiques de non- coopération avaient été définies deux mois auparavant par Gandhi et le comité de non- coopération , et elles comprenaient les mesures suivantes :

(1) Renonciation à tous les titres honorifiques et fonctions honorifiques.

(2) Non-participation aux emprunts publics.

(3) Suspension de la pratique par les avocats et règlement des litiges judiciaires par arbitrage privé.

(4) Boycott des écoles publiques par les enfants et les parents.

(5) Boycott des Conseils réformés.

(6) Non-participation aux partis gouvernementaux et autres fonctions officielles.

(7) Refus d'accepter tout poste civil ou militaire.

(8) Accords pour diffuser la doctrine du Swadeshi. [67]

En d'autres termes, la partie négative du programme devrait être complétée par des mesures constructives qui conduiraient à l'édification de la nouvelle Inde du futur.

Ce programme précisait les premiers pas à faire, et il faut admirer la prudente sagacité du chef qui, après avoir mis en marche l'énorme machine de la révolte hindoue, l'arrête net, pour ainsi dire, et la retient, palpitante, au premier à son tour, une méthode en opposition saisissante à celle de nos révolutionnaires européens. Gandhi n'envisage pas de désobéissance civile pour le moment. Il connaît la désobéissance civile. Il l'a étudié dans Thoreau, qu'il cite dans ses articles, et il prend soin d'expliquer la différence entre cela et la non- coopération . La désobéissance civile, dit-il, est plus qu'un simple refus d'obéir à la loi. Cela signifie une opposition délibérée à la loi ; c'est une infraction à la loi et ne peut être menée que par une élite, tandis que la non-coopération devrait être un mouvement de masse. Gandhi entend préparer les masses indiennes à la désobéissance civile, mais elles doivent y être formées par un processus progressif. Il sait qu'à l'heure actuelle les gens ne sont pas mûrs pour cela, et il ne veut pas les lâcher avant d'être sûr qu'ils maîtrisent l'art de la maîtrise de soi. Alors il lance la non- coopération . La non- coopération , dans cette première étape, n'inclut pas le refus de payer des impôts. Gandhi attend son heure.

Le 1er août 1920, Gandhi donne le signal du mouvement par sa célèbre lettre au vice-roi, renonçant à ses décorations et titres honorifiques :

> Ce n'est pas sans chagrin que je vous rends la médaille d'or Kaisar - i -Hind qui m'a été accordée par votre prédécesseur pour mon travail humanitaire en Afrique du Sud, la médaille de guerre Zulu, décernée en Afrique du Sud pour mes services en tant qu'officier chargé de la guerre indienne. Corps d'ambulance volontaire en 1906, et la Médaille de la guerre des Boers pour mes services en tant que surintendant adjoint du Corps des brancardiers volontaires indiens pendant la guerre des Boers de 1899-1900.

Mais, ajoute-t-il, après avoir évoqué les scènes qui se sont déroulées au Pendjab et les événements du mouvement Khilafat :

> Je ne peux conserver ni respect ni affection pour un gouvernement qui va de mal en mal afin de défendre son immoralité... Le gouvernement doit être poussé au repentir.

> J'ai donc osé suggérer une non- coopération qui permet à ceux qui souhaitent se dissocier du gouvernement et qui, si elle n'est pas accompagnée de violence, doit obliger le gouvernement à revenir sur ses pas et à réparer ses torts.

Et Gandhi exprime l'espoir que le vice-roi saura rendre justice, qu'il convoquera une conférence des dirigeants reconnus du peuple et qu'il les consultera.

L'exemple de Gandhi fut immédiatement suivi. Des centaines de magistrats ont remis leur démission, des milliers d'étudiants ont quitté les collèges, les tribunaux ont été abandonnés, les écoles ont été vidées. Le Congrès pan-indien, réuni en session extraordinaire à Calcutta début septembre, a approuvé les décisions de Gandhi à une écrasante majorité. Gandhi et son ami Maulana Shaukat Ali ont parcouru le pays et ont reçu de formidables ovations partout.

Jamais Gandhi ne s'est montré plus grand leader que durant la première année de son action. Il devait retenir la violence qui couvait, prête à s'enflammer à la moindre provocation. Gandhi craint et abhorre la violence populaire plus que toute autre chose. Il considère la « mobocratie » comme le plus grand danger qui menace l'Inde. Il déteste la guerre, mais la préfère à la violence insensée de *Caliban*. "Si l'Inde doit obtenir sa liberté par la violence, que ce soit par la violence disciplinée appelée guerre", et non par des révoltes populaires. Gandhi considère avec défaveur toutes les manifestations et les rassemblements de masse, même pour célébrer un événement joyeux, car d'une foule nombreuse remplie de bruit et de confusion, une violence frénétique peut éclater sans raison apparente. Et il insiste sur la nécessité de maintenir une discipline stricte. "Nous devons faire sortir l'ordre du chaos", dit-il, "introduire la loi du peuple au lieu de la loi de la foule". Et le mystique aux yeux clairs et fermes, dont le bon sens pratique égale celui des grands mystiques européens qui fondèrent les ordres religieux et dominèrent les âmes des hommes, donne des règles précises et détaillées sur la façon de canaliser les torrents des réunions et des manifestations populaires.

"Une grande pierre d'achoppement", dit-il à propos de l'organisation des réunions de masse, "est que nous avons négligé la musique. La musique signifie rythme, ordre. Malheureusement, en Inde, la musique a été l'apanage de quelques-uns. Elle a Je ne serais jamais nationalisé... Je rendrais obligatoire le chant approprié, en compagnie, de chants nationaux. Et à cette fin, j'aurais de grands musiciens assistant à chaque congrès ou conférence et enseignant la musique de masse. Rien n'est plus facile que de former des foules, pour la simple raison qu'ils n'ont ni esprit, ni méditation."

Gandhi fait une liste de suggestions. Aucun volontaire brut ne devrait être accepté pour aider à l'organisation des grandes manifestations. Seuls les plus expérimentés devraient être à la tête. Les volontaires devraient toujours avoir sur eux un manuel d'instructions générales. Ils doivent être dispersés parmi la foule et apprendre à utiliser des drapeaux et des sifflets pour transmettre les instructions. Les cris nationaux doivent être entendus et lancés au bon moment. Il convient d'empêcher les foules d'entrer dans les gares ferroviaires ; il faut leur apprendre à prendre du recul et à laisser un passage libre dans les rues aux personnes et aux voitures. Les petits enfants ne devraient jamais être amenés dans la foule, etc.

En d'autres termes, Gandhi se fait le chef d'orchestre de ses océans d'hommes. [68]

§ 2

Mais tandis que la foule peut se lancer dans la violence, inconsciemment, aveuglément, mue par une impulsion soudaine et déraisonnable, il existe une faction politique qui préconise la violence délibérément et consciemment. Beaucoup des meilleurs hommes de l'Inde croient que l'indépendance nationale ne peut être obtenue que par des méthodes violentes. Cette faction ne comprend pas la doctrine de Gandhi et ne croit pas en son efficacité politique. Cela exige une action, une action directe. Gandhi reçoit des lettres anonymes l'exhortant à cesser de prôner la non-violence et, pire encore, d'autres insinuant cyniquement que sa doctrine de la non-violence n'est qu'un masque et que le moment est maintenant venu de la jeter de côté et de donner le signal du combat. Gandhi répond avec véhémence. Il discute des arguments avec passion. [69] Dans une série de beaux articles, il censure la « doctrine de l'épée ». Il nie que les écritures hindoues et le Coran approuvent la violence. La violence ne fait partie de la doctrine d'aucune religion. Jésus est le prince de la résistance passive. La Bhagavad Gîtâ ne prêche pas la violence, mais l'accomplissement du devoir même au prix de la vie. [70] Comme l'homme n'a pas reçu le pouvoir de créer, il n'a pas le droit de détruire la moindre créature qui vit. Il ne doit y avoir de haine envers personne, pas même envers le malfaiteur ; mais cela ne veut pas dire qu'il faut tolérer le mal. Gandhi soignerait le général Dyer s'il était malade, mais si son propre fils vivait une vie de honte, il ne l'aiderait pas en continuant à le soutenir. Au contraire, « mon amour pour lui m'obligerait à lui retirer tout soutien, même si cela pourrait même signifier sa mort ». Personne n'a le droit de contraindre quelqu'un par la force physique à devenir bon. "Mais on est dans l'obligation de lui résister en le quittant, quoi qu'il arrive, et en l'accueillant dans son sein s'il se repent." [71]

Tandis que Gandhi freine les éléments violents, il stimule les hésitants. Il rassure ceux qui ont peur de franchir une étape décisive :

> Jamais rien n'a été fait sur cette terre sans action directe. J'ai rejeté le mot « résistance passive » en raison de son insuffisance... C'est cependant l'action directe en Afrique du Sud qui a été révélatrice, et elle a été si efficace qu'elle a ramené le général Smuts à la raison. Quelle était la « symbiose » plus vaste prêchée par Bouddha et le Christ ? Douceur et amour. Bouddha a mené sans crainte la guerre dans le camp ennemi et a mis à genoux un sacerdoce arrogant. Le Christ chassa les changeurs du temple de Jérusalem et fit descendre du ciel les malédictions sur les hypocrites et les pharisiens. Tous deux étaient en faveur d'une action intensément directe. Mais même si Bouddha et le Christ les châtiaient, ils faisaient preuve d'une douceur et d'un amour indubitables derrière chacun de leurs actes. [72]

Gandhi fait aussi appel à la générosité et au bon sens des Anglais. [73] Il appelle les Anglais ses « chers amis » et souligne qu'il est leur fidèle compagnon depuis plus de trente ans. Il leur demande de réparer la perfidie du Gouvernement qui, par sa trahison, a complètement brisé sa confiance dans ses bonnes intentions. Mais il croit toujours au courage anglais et au respect anglais pour le courage des autres. "La bravoure sur le champ de bataille est impossible pour l'Inde, mais la bravoure de l'âme nous reste ouverte. La non-coopération ne signifie rien de moins que l'entraînement au sacrifice de soi. J'espère vous vaincre par ma souffrance."

Au cours des quatre ou cinq premiers mois de campagne préliminaire, Gandhi n'essayait pas de paralyser le gouvernement par un manque de coopération ; son idée était plutôt de jeter les bases de l'édification d'une nouvelle Inde indépendante mentalement, moralement et économiquement. Gandhi exprime l'idée de l'indépendance économique de l'Inde par le terme *Swadeshi*, et il prend le mot dans son sens étroit et physique.

L'Inde doit apprendre à se passer de tout confort et à accepter les difficultés sans murmurer. Discipline salutaire, celle-là ; nécessaire hygiène morale. La santé de la nation ainsi que son caractère en bénéficieront. La première démarche de Gandhi est de libérer l'Inde de la malédiction de la boisson. Des groupes doivent être formés pour prôner la tempérance. Les vins européens doivent être boycottés ; il faut inciter les marchands d'alcool à renoncer à leur permis. [74] Toute l'Inde a répondu à l'appel du Mahatma. Une telle vague de tempérance déferla sur l'Inde que Gandhi dut intervenir pour empêcher la foule de saccager et de piller les cavistes et de les fermer de force. "Vous ne devez pas essayer de contraindre quelqu'un par la force physique à devenir bon", a-t-il expliqué aux masses.

Mais s'il était relativement facile de débarrasser l'Inde du fléau de la boisson, il était bien plus difficile de lui fournir des moyens de subsistance. Si la coopération avec l'Angleterre cessait, de quoi vivrait l'Inde ? De quoi s'habillerait-elle si les produits européens étaient tabous ? La solution de Gandhi est d'une grande simplicité et révèle la tournure médiévale de son esprit : il entreprend de rétablir la vieille industrie indienne de la filature artisanale, d'introduire les rouets.

Cette solution patriarcale du problème social a naturellement été ridiculisée. [75] Mais les conditions en Inde et l'interprétation que Gandhi fait du terme *charka* doivent être prises en considération. Gandhi n'a jamais prétendu que le filage à lui seul constituerait un moyen de subsistance, sauf pour les très pauvres ; mais il prétend qu'elle pourrait compléter l'agriculture pendant les mois où les travaux des champs sont à l'arrêt. Le problème de l'Inde n'est pas théorique, mais réel et urgent. Quatre-vingts pour cent de la population indienne est agricole et se trouve donc sans emploi pratiquement quatre mois par an. Un dixième de la population est normalement exposé à la famine. La classe moyenne est sous-alimentée. Qu'a fait l'Angleterre pour remédier à ces conditions ? Rien. Au contraire, elle les a aggravés, car les manufactures anglaises ont ruiné les industries locales, pompé les ressources de l'Inde, saignant le pays de plus de soixante millions de roupies par an. L'Inde, qui cultive tout le coton dont elle a besoin, est obligée d'exporter des millions de balles au Japon et dans le Lancashire, d'où il lui est restitué sous forme de calicot manufacturé, qu'elle doit acheter à des prix exorbitants. La première chose que l'Inde doit donc faire est donc d'apprendre à se passer des marchandises étrangères ruineuses et, pour ce faire, elle doit organiser ses propres ateliers pour donner du travail et de la nourriture à son peuple. Il n'y a pas de temps à perdre. Or, rien ne peut s'organiser plus rapidement et plus économiquement que l'industrie nationale de la filature et du tissage. L'idée n'est pas d'inciter les ouvriers agricoles bien payés à abandonner leur travail et à filer, mais d'inciter les chômeurs et tous ceux qui n'ont pas à travailler pour gagner leur vie, comme les femmes et les enfants, ainsi que tous les hindous qui peuvent avoir du temps libre pendant la journée pour tourner pendant leurs heures de loisir. Gandhi ordonne donc (1) le boycott des produits étrangers, (2) l'enseignement du filage et du tissage, (3) l'achat de tissus tissés à la main uniquement.

Gandhi s'abandonne inlassablement à cette idée. Il dit que filer est un devoir pour toute l'Inde. [76] Il veut que les enfants pauvres paient leurs frais de scolarité à l'école par un certain nombre d'heures de filage ; il souhaite que chacun , homme et femme, contribue au moins une heure par jour, par charité, à la filature. Il donne les indications les plus précises sur le choix du coton, des rouets, etc., et des renseignements sur toutes sortes de détails techniques de filage et de tissage ; il donne des conseils pratiques à ceux qui souhaitent acheter du tissu tissé à la main, aux pères de familles nombreuses, ainsi qu'aux élèves des écoles. Il explique, par exemple, comment on peut ouvrir une boutique *Swadeshi , une boutique vendant les produits de l'industrie hindoue, avec peu de capital, réaliser dix pour cent de bénéfices, etc. Il devient lyrique lorsqu'il décrit la « musique de la filature ».* roue", [77] la musique la plus ancienne de l'Inde, qui ravit Kahir , le poète-tisserand, et Aureng -Zeb, le grand empereur, qui tissait ses propres bonnets.

Gandhi a su susciter l'enthousiasme du public. Les grandes dames de Bombay se mettent au filage. Les femmes hindoues et musulmanes acceptèrent de ne porter que des vêtements nationaux, ce qui devint à la mode. Tagore a également fait l'éloge de ce *khaddar* ou *khadi* , comme on appelait ce tissu tissé à la main, qui, selon lui, était d'excellent goût. Les commandes affluent. Certaines viennent d'aussi loin qu'Aden et le Baloutchistan.

Mais les disciples de *Swadeshi* sont allés un peu trop loin lorsqu'ils ont commencé à boycotter les documents étrangers, et même Gandhi, habituellement sain d'esprit et équilibré, s'est laissé emporter. En août 1921, il ordonna le regroupement de toutes les marchandises étrangères à Bombay, et comme au temps de Savonarole à Florence, *Christo Regnante* , de magnifiques objets de famille, des objets et matériaux inestimables, furent entassés en énormes tas et dévorés par les flammes dans le au milieu des acclamations et de l'enthousiasme. A ce propos, l'un des Anglais les plus ouverts d'esprit de l'Inde, CF Andrews, grand ami de Rabindranath Tagore, écrivit une lettre à Gandhi. Tout en exprimant sa grande admiration pour le Mahatma, il déplora que des matériaux aussi précieux aient été brûlés au lieu d'être donnés aux pauvres. Il ajoutait qu'il croyait que le processus de destruction faisait appel aux pires instincts des masses et il protestait contre les explosions d'un nationalisme qui érigeait virtuellement la destruction en dogme religieux. Il ne pouvait s'empêcher de penser que c'était un péché de détruire les fruits du travail humain. Andrews avait approuvé la campagne de Gandhi et avait même commencé à porter *du khaddar* , mais il se demandait désormais s'il était juste de continuer à le faire. Le tissu brûlant à Bombay avait ébranlé sa foi dans le Mahatma.

En publiant la lettre d'Andrews dans "Young India", Gandhi a déclaré qu'il ne regrettait rien. Il n'en veut à aucune race, quelle qu'elle soit, et il n'exige pas non plus la destruction de *tous* les biens étrangers. Il veut simplement détruire les biens qui nuisent à l'Inde. Des millions d'Indiens ont été ruinés par les usines anglaises qui, en enlevant du travail à l'Inde, ont transformé des milliers et des milliers d'Indiens en parias et en mercenaires et leurs femmes en prostituées. L'Inde est déjà encline à haïr ses dominateurs britanniques. Gandhi ne souhaite pas renforcer cette haine. Au contraire, il veut le détourner, le détourner des gens vers *les choses*. Les Indiens qui ont acheté les matériaux sont aussi coupables que les Britanniques qui les ont vendus. Les matériaux n'ont pas été brûlés en signe de haine envers l'Angleterre, mais en signe de la détermination de l'Inde à rompre avec le passé. C'était une opération chirurgicale nécessaire. Et il aurait été erroné de donner ces matériaux « toxiques » aux pauvres, car les pauvres aussi ont le sens de l'honneur.

§ 3

La vie économique de l'Inde doit d'abord être libérée de la domination étrangère. Mais la prochaine étape consiste à libérer l'esprit, à créer un véritable esprit indien indépendant. Gandhi souhaite que son peuple se débarrasse du joug de la culture européenne, et l'une de ses réalisations dont il est le plus fier est de jeter les bases d'une éducation véritablement indienne.

Sous la domination anglaise, les braises de la culture asiatique dormaient dans divers collèges et universités. Pendant plus de quarante-cinq ans, Aligarh était restée une université hindoue-musulmane, un centre de la culture islamique en Inde. Le Khalsa College était le centre de la culture sikh, tandis que les hindous possédaient l'Université de Bénarès. Mais ces institutions, plus ou moins vétustes, dépendaient du gouvernement qui les subventionnait , et Gandhi aspirait à les voir remplacées par des foyers plus purs de culture asiatique. En novembre 1920, il fonde l'Université nationale du Gujarat à Ahmedabad. Son idéal était celui d'une Inde unie. Le *Dharma* des hindous et l'islam des mahométans en étaient les deux piliers religieux. Son objectif était de préserver les dialectes de l'Inde et de les utiliser comme sources de régénération nationale. [78] Gandhi a estimé, en toute justice, qu'une « étude systématique de la culture asiatique n'est pas moins essentielle que l'étude des sciences occidentales. Les vastes trésors du sanskrit et de l'arabe, du persan, du pali et du magadhi doivent être fouillés pour découvrir où C'est là que réside la source de la force de la nation. L'idéal n'est pas simplement de se nourrir ou de répéter les cultures anciennes, mais de construire une nouvelle culture basée sur les traditions du passé et enrichie par les expériences des temps ultérieurs. L'idéal est une synthèse des différentes cultures qui ont dû venir rester en Inde, qui ont influencé la vie indienne, et qui, à leur tour, ont été elles-mêmes influencées par l'esprit du sol. Cette synthèse sera naturellement du type Swadeshi, où *chaque* culture est assurée de sa place légitime, et non du modèle américain, où une culture dominante absorbe le reste et où le but n'est pas l'harmonie, mais une unité artificielle et forcée. Toutes les religions indiennes devaient être enseignées. Les hindous devaient avoir la possibilité d'étudier le Coran et les musulmans les Shastras. L'université nationale n'exclut rien sinon un esprit d'exclusion. Il estime qu'il n'y a rien d'« intouchable » dans l'humanité. L'hindoustani est rendu obligatoire, car il s'agit du mélange national de sanskrit, d'hindi et d'ourdou persan. [79] Un esprit d'indépendance devait être favorisé, non seulement par les méthodes d'étude, mais aussi par une formation professionnelle soignée.

Gandhi espère organiser, progressivement, des écoles supérieures qui diffuseront l'éducation diffusée dans toutes les villes et « la filtreront jusqu'aux masses, de sorte que... d'ici peu, le clivage suicidaire entre les instruits et les non-éduqués sera comblé. En donnant une éducation industrielle aux gens distingués et une éducation littéraire aux classes industrielles, la répartition inégale des richesses et le mécontentement social seront considérablement freinés.

Contrairement aux méthodes éducatives européennes qui négligent les compétences manuelles et développent uniquement le cerveau, Gandhi souhaite que le travail manuel fasse partie du programme de toutes les écoles, dès les classes les plus basses. Il pense qu'il serait excellent que les enfants paient leurs frais de scolarité avec un certain montant de filage. Ils apprendraient ainsi à gagner leur vie et à devenir indépendants. Quant à l'éducation du cœur, que l'Europe néglige absolument, Gandhi aurait insisté dès le début sur cette question. Mais avant de pouvoir former correctement les élèves, il faut leur fournir des enseignants compétents.

L'objectif des institutions supérieures, que Gandhi semble considérer comme les pierres angulaires de la nouvelle éducation, est de former des enseignants. Ces institutions seront plus que des écoles ou des collèges ; on pourrait plutôt les appeler couvents, où le feu sacré de l'Inde se concentrera pour ensuite rayonner à travers le monde, tout comme autrefois de grands pionniers religieux rayonnaient depuis les monastères bénédictins d'Occident, conquérant des âmes et des territoires.

Les règles que Gandhi prescrit pour l'école de *Satyagrah Ashram* , [80] ou lieu .de discipline, à Ahmedabad, son institution modèle, concernent plus les professeurs que les élèves, et lient les premiers par des vœux monastiques. Alors que ces vœux dans les ordres religieux ordinaires ont un caractère purement négatif, ici ils palpitent d'un esprit actif de sacrifice et de l'amour pur qui inspire les saints. Les enseignants sont liés par les vœux suivants :

1. Le vœu de vérité. Il ne suffit pas de ne pas recourir habituellement au mensonge. Aucune tromperie ne peut être pratiquée , même pour le bien du pays. La vérité peut nécessiter une opposition de la part des parents et des aînés.

2. Le vœu d' *Ahimsa* (ne pas tuer). Il ne suffit pas de ne pas ôter la vie à un être vivant. On ne peut même pas blesser ceux qu'on croit injustes ; il ne peut pas être en colère contre eux, il doit les aimer. Opposez-vous à la tyrannie, mais ne faites jamais de mal au tyran. Conquérir-le par l'amour. Souffrez d'un châtiment allant jusqu'à la mort pour avoir désobéi à sa volonté.

3. Le vœu de célibat. Sans cela, les deux phénomènes précédents sont presque impossibles à observer. Il ne suffit pas de ne pas regarder la femme d'un œil lubrique. Les passions animales doivent être contrôlées, afin qu'elles ne soient pas émues même par la pensée. Si un homme est marié, il considérera sa femme comme une amie pour la vie et établira avec elle une relation de parfaite pureté.

4. Le contrôle du palais. Régule et purifie l'alimentation. Évitez les aliments qui pourraient avoir tendance à stimuler les passions animales ou qui seraient autrement inutiles.

5. Le vœu de ne pas voler. Il ne suffit pas de ne pas voler ce qui est communément considéré comme la propriété d'autrui. C'est du vol si nous utilisons des articles dont nous n'avons pas vraiment besoin. La nature nous fournit au jour le jour juste assez et pas plus pour nos besoins quotidiens.

6. Le vœu de non-possession. Il ne suffit pas de ne pas posséder et de ne pas garder grand-chose, mais il est nécessaire de ne rien garder qui ne soit pas absolument nécessaire à nos besoins corporels. Pensez constamment à vous simplifier la vie.

A ces vœux principaux s'ajoutent quelques règles secondaires :

1. *Swadeshi.* N'utilisez aucun article susceptible de donner lieu à une tromperie. N'utilisez pas d'articles manufacturés. Les ouvriers souffrent beaucoup dans les usines, et les articles manufacturés sont des produits de la misère exploitée. Les biens étrangers et les biens fabriqués à l'aide de machines compliquées devraient être tabous par un adepte d'*Ahimsa*. Utilisez des vêtements simples, fabriqués simplement en Inde.

2. Intrépidité. Celui qui est stimulé par la peur ne peut pas suivre la vérité ou *l'Ahimsa*. Il doit être libre de la peur des rois, des gens, des castes, des familles, des voleurs, des voleurs, des animaux féroces et de la mort. Un homme vraiment intrépide se défendra contre les autres par la force de la vérité ou par la force de l'âme.

Une fois établis les principaux points de cette fondation de fer, Gandhi évoque rapidement les autres exigences, dont les deux plus remarquables sont que les enseignants doivent donner l'exemple en accomplissant des travaux corporels, de préférence agricoles, et qu'ils doivent connaître les principales langues indiennes. .

Quant aux élèves, qui peuvent entrer à l'*Ashram* à partir de quatre ans (les étudiants seront admis à tout âge), ils doivent rester à l'*Ashram* pendant toute la durée des études, qui durent environ dix ans. Les enfants sont séparés de leurs parents et de leur famille. Les parents renoncent à toute autorité sur eux. Les enfants ne rendent jamais visite à leurs parents. Les élèves portent des vêtements simples, mangent des aliments simples et strictement végétariens, n'ont pas de vacances au sens ordinaire du terme, mais une fois par semaine, ils disposent d'un jour et demi pour réaliser un travail créatif individuel. Trois mois de l'année sont consacrés à voyager à pied à travers l'Inde. Tous les élèves doivent étudier les dialectes hindi et dravidien. En tant que langue seconde, ils doivent apprendre l'anglais et doivent également se familiariser avec les caractères des cinq langues indiennes (ourdou, bengali, tamoul, telugu et davanagri). On leur enseigne, dans leur propre dialecte, l'histoire, la géographie, les mathématiques, l'économie et le sanskrit. En même temps , on leur apprend l'agriculture, le filage et le tissage. Il va sans dire qu'une atmosphère religieuse imprègne toute l'éducation. Une fois leurs études terminées, les élèves ont le choix entre prononcer leurs vœux, comme leurs professeurs, ou quitter l'école. Les cours sont entièrement gratuits.

J'ai décrit le système éducatif de Gandhi de manière assez complète parce qu'il montre la haute spiritualité de son action et parce qu'il considère ce système comme le ressort principal de tout le mouvement. Pour construire une Nouvelle Inde, une nouvelle âme, forte et pure, doit être forgée à partir d'éléments indiens. Et cette âme ne peut être développée que par une légion sacrée d'apôtres qui, comme ceux du Christ, seront comme le sel de la terre. Gandhi, contrairement à nos révolutionnaires européens, n'est pas un auteur de lois et d'ordonnances. Il est le bâtisseur d'une nouvelle humanité.

§ 4

Comme tous les gouvernements se trouvant dans des conditions similaires, le gouvernement anglais n'avait aucune idée de ce qui se passait. Au début, son attitude fut celle d'un dédain ironique. Le vice-roi, Lord Chelmsford, a qualifié le mouvement en août 1920 de « le plus insensé de tous les projets insensés ». Mais ces sommets de condescendance confortable durent bientôt être abandonnés. En novembre 1920, le Gouvernement publia une proclamation surprise et légèrement alarmée, où se mêlaient menaces et conseils paternels, avertissant le peuple que si les dirigeants du mouvement n'avaient pas été inquiétés jusqu'à présent parce qu'ils n'avaient pas prêché la violence, les ordres étaient désormais donnés. d'arrêter toute personne qui outrepasserait les limites et dont les paroles pourraient attiser la révolte ou inciter d'une autre manière à la violence.

Les limites furent bientôt dépassées, mais par le gouvernement. Le mouvement de non- coopération s'est développé et prend de l'ampleur, et le gouvernement commence à être sérieusement alarmé. En décembre, les affaires prirent une tournure décidément dangereuse. Jusqu'alors, la non-coopération non-violente avait été considérée comme une expérience de nature plus ou moins temporaire, et le gouvernement s'était flatté que lorsque le Congrès national indien se réunirait à Nagpur pour sa session de décembre, la non-coopération se heurterait à un veto . Mais loin de désapprouver la non- coopération , le congrès a incorporé l'idée dans la constitution en faisant lire le premier paragraphe :

> L'objectif du Congrès national indien est l'obtention du
> *Swaraj* – Home Rule – par le peuple indien par tous les
> moyens légitimes et pacifiques.

Le congrès a alors confirmé la résolution de non- coopération adoptée lors de la session extraordinaire de septembre et l'a élargie. Même si le principe de non-violence était absolument respecté, le sentiment général était que tous les efforts devaient être faits pour unir tous les éléments en Inde en vue d'une action commune et soutenue, et le congrès n'a pas seulement appelé les hindous et les musulmans à collaborer loyalement. , mais a appelé à un *rapprochement* entre les classes privilégiées et « opprimées ». En outre, le congrès apporta des changements fondamentaux à la constitution, qui équivalaient pratiquement à l'organisation d'un système représentatif pour toute l'Inde. [81]

Le congrès n'a pas caché qu'il considérait la non- coopération sous sa forme actuelle comme une simple étape préliminaire, devant être suivie, à un moment à déterminer ultérieurement, par une non- coopération totale , y compris le refus de payer des impôts. Mais en attendant, et pour ouvrir la voie, il insistait pour que le boycott soit aiguisé, que la filature et le tissage soient encouragés, tandis qu'un appel était lancé aux étudiants, aux parents et aux magistrats les invitant à pratiquer avec plus de zèle la non - coopération .. Ceux qui ne respecteraient pas les décisions du congrès devaient être exclus de la vie publique.

Les résolutions du congrès impliquaient l'établissement virtuel d'un État dans l'État, l'instauration d'une véritable domination indienne en opposition au gouvernement britannique. L'Angleterre ne pouvait pas accepter cela. Elle avait quelque chose a faire. Le gouvernement a dû se battre ou négocier. Un compromis aurait facilement pu être obtenu par la négociation si le gouvernement avait été prêt à faire la moitié du chemin. Le congrès avait déclaré qu'il espérait atteindre son objectif « avec l'Angleterre, si possible », mais autrement « sans elle ». Mais comme c'est toujours le cas lorsque la politique européenne implique des races étrangères, aucune tentative de négociation n'a été faite. On a eu recours à la force. Des prétextes pour l'oppression armée ont été recherchés. Ils ne manquaient pas.

Malgré le principe de non-violence établi par Gandhi et le congrès, quelques émeutes ont eu lieu dans diverses régions de l'Inde. Il est vrai qu'ils n'avaient que peu ou pas de rapport avec le mouvement non coopératif , mais néanmoins il y avait eu et il y avait des troubles. Dans les Provinces-Unies (Allahabad), il y a eu des soulèvements agraires, des révoltes des fermiers contre les propriétaires terriens, et la police a dû intervenir, et il y a eu des effusions de sang. Peu de temps après, le mouvement sikh Akali, bien que de caractère purement religieux, adopta des méthodes non coopératives et, à la suite de l'agitation, quelque deux cents sikhs furent massacrés en février 1921. Personne de bonne foi n'aurait pu tenir Gandhi ou ses disciples étaient responsables de ce drame de fanatisme, mais le gouvernement considérait cela comme une bonne opportunité. En mars 1921, la répression commença et elle devint de plus en plus oppressive au fil des mois. Le gouvernement justifiait son intervention par la nécessité de protéger les marchands d'alcool de la fureur de la foule. Ce n'était pas la première fois que la civilisation européenne et l'alcool marchaient main dans la main. Les organisations bénévoles non coopératives ont été dissoutes. Une loi fut votée interdisant les réunions séditieuses. Dans certaines provinces, la police avait donné *carte blanche* pour réprimer le mouvement qualifié de « révolutionnaire et anarchiste

». Des milliers d'Indiens ont été arrêtés et certains des citoyens indiens les plus respectés ont été sommairement emprisonnés et brutalisés. Naturellement, cette procédure a attisé les tensions et, ici et là, les gens et les agents de police se sont affrontés. Certaines maisons ont été incendiées et les gens ont été battus. Telle était la situation en Inde lorsque le comité du congrès pan-indien s'est réuni à Bezwada fin mars pour discuter de la désobéissance civile. Avec une modération et une prévoyance rares , il a voté contre, au motif que le pays n'était pas encore prêt à manier cette arme à double tranchant. La désobéissance civile sera encouragée plus tard. Pour le moment, il ne peut y avoir qu'une sorte de mobilisation civile et financière.

Pendant ce temps, Gandhi poursuivait de plus en plus activement sa campagne pour l'unité de l'Inde. Il a essayé d'unir toutes les religions, races, partis et castes. Il fit appel aux Parsis, ^{classe} marchande riche et prospère, plus ou moins entachée, comme il l'exprimait, de l'esprit de Rockefeller, et il appela les hindous et les musulmans à former une alliance solide. Les relations entre hindous et musulmans étaient continuellement aigries par les préjugés, la peur mutuelle et la suspicion. Gandhi s'est consacré à amener les deux races dans une collaboration harmonieuse, [83] et sans préconiser ni désirer une fusion impossible entre les deux peuples, il a essayé de les unir dans l'amitié. [84]

Mais ses efforts les plus intenses furent consacrés à la régénération des classes « réprimées », les parias. Ses appels passionnés en faveur des parias, ses cris de douleur et d'indignation devant la monstrueuse iniquité sociale qui les opprimait, immortaliseraient à eux seuls son nom. Son sentiment pour les exclus remonte à son enfance. Il raconte comment, lorsqu'il était enfant, [85] un paria venait à la maison pour faire tous les gros travaux. Enfant, on disait à Gandhi de ne jamais toucher le paria sans se purifier ensuite par des ablutions. Il ne comprenait pas pourquoi et il interrogeait souvent ses parents à ce sujet. À l'école, il touchait fréquemment les intouchables, et sa mère lui disait qu'il ne pouvait échapper aux conséquences de ce contact impie qu'en touchant un mahométan. Pour Gandhi, tout cela semblait absurdement injuste, cruellement injustifié. A l'âge de douze ans, il décida d'effacer cette tache de la conscience indienne. Il envisageait de venir au secours de ses frères dégradés. Et jamais l'esprit de Gandhi ne s'est révélé plus clair et plus impartial que lorsqu'il plaide leur cause. Ce que leur cause signifie pour lui peut être compris du fait qu'il dit qu'il abandonnerait sa religion (lui pour qui la religion est tout !) si quelqu'un pouvait lui prouver que l'intouchabilité est l'un de ses dogmes. Le système injuste des parias justifiait, à ses yeux, tout ce qui a été infligé à l'Inde par d'autres nations.

> Si les Indiens sont devenus les parias de l'empire, c'est une justice rétributive, infligée à nous par un Dieu juste… Nous, hindous, ne devrions-nous pas nous laver les mains tachées

de sang avant de demander aux Anglais de laver les leurs ? L'intouchabilité nous a dégradés, a fait de nous des parias en Afrique du Sud, en Afrique de l'Est et au Canada. Tant que les hindous considéreront délibérément l'intouchabilité comme faisant partie de leur religion, *le Swaraj* restera impossible à atteindre. L'Inde est coupable, l'Angleterre n'a rien fait de plus noir. Le premier devoir est de protéger les faibles et les impuissants et de ne jamais blesser les sentiments d'aucun individu. Nous ne valons pas mieux que des brutes jusqu'à ce que nous nous soyons purgés des péchés que nous avons commis contre nos frères les plus faibles.

Gandhi voulait que le congrès national améliore la condition des frères parias en leur donnant des écoles et des puits, car les parias n'étaient pas autorisés à utiliser les puits publics. Mais en attendant? Incapable d'attendre, les mains jointes, que les classes privilégiées condescendent à réparer leur cruauté, Gandhi se tourne vers les parias. Il se met à leur tête et tente de les organiser. Il a discuté de leurs problèmes avec eux. Que devraient-ils faire ? Appel au gouvernement anglais ? Se mettre à sa disposition ? Cela signifierait seulement un changement de l'esclavage. Abandonner l'hindouisme ? (Notez l'audace d'un croyant hindou !) Devenir chrétien ou mahométan ? Gandhi leur conseillerait presque de le faire si l'hindouisme défendait réellement l'intouchabilité. Mais ce n'est pas le cas. L'intouchabilité n'est qu'une excroissance morbide de l'hindouisme, qu'il faut extirper. Les parias doivent s'organiser pour se défendre. Ils pourraient bien sûr adopter les principes de non- coopération à l'égard de l'hindouisme en refusant toute relation avec les hindous (conseil singulièrement audacieux de révolte sociale sur les lèvres d'un patriote comme Gandhi !). Mais la difficulté est que les parias n'ont pas de dirigeants et ne peuvent pas s'organiser. Le mieux serait donc qu'ils se joignent au mouvement général de non- coopération , puisque son objectif est l'harmonie entre toutes les classes. La véritable non- coopération est un acte religieux de purification, auquel ne peut participer quiconque croit à l'intouchabilité. Gandhi combine ainsi religion, humanité et patriotisme. [86]

Une certaine solennité accompagnait les premiers efforts de regroupement des parias. Une « conférence des classes supprimées » eut lieu à Ahmedabad les 13 et 14 avril 1921. Gandhi présida la conférence et prononça l'un de ses plus beaux discours. Il a non seulement exigé la suppression du système paria, mais a également exhorté les intouchables à se montrer à la hauteur et à montrer le meilleur d'eux-mêmes. Il attend, dit-il, de grandes choses des parias de la vie sociale de l'Inde régénérée. Il essaie de leur donner confiance en eux et de les remplir de son propre idéal brûlant. Dans les « classes supprimées », dit-il, il voit d'énormes possibilités latentes. Il estime que d'ici cinq mois, la classe des intouchables pourra conquérir, par ses propres mérites, la place qu'elle mérite au sein de la grande famille indienne.

Gandhi a eu la joie de voir son appel trouver un écho dans le cœur des gens. Dans de nombreuses régions de l'Inde, les parias furent émancipés. [87] La veille de son arrestation, Gandhi a prononcé un discours faisant état des progrès de la cause des parias. Les brahmanes aidaient. Les classes privilégiées donnaient des exemples touchants de remords et d'amour fraternel. Gandhi cite le cas d'un jeune brahmane devenu balayeur à dix-neuf ans pour vivre parmi les intouchables. [88]

§ 5

Avec la même générosité, Gandhi s'est engagé dans une autre grande cause, celle des femmes.

Le problème sexuel est particulièrement difficile en Inde, palpitant d'une sensualité omniprésente, oppressante et mal dirigée. Les mariages d'enfants affaiblissent les ressources physiques et morales de la nation. L'obsession de la chair pèse sur les esprits et constitue une insulte à la dignité de la femme. Gandhi publie les plaintes des femmes hindoues face à l'attitude dégradante des nationalistes hindous. [89] Gandhi prend le parti des femmes. Selon lui, leur protestation prouve qu'il existe en Inde une autre plaie aussi grave que celle de l'intouchabilité. Mais la question des femmes n'est pas un problème purement indien. Le monde entier en souffre. Comme les parias, il attend plus des opprimés que des oppresseurs. Il appelle les femmes à exiger et à inspirer le respect en cessant de se considérer uniquement comme des objets de désir masculin. Qu'ils oublient leur corps et entrent dans la vie publique, assument les risques et subissent les conséquences de leurs convictions. Les femmes ne devraient pas seulement renoncer au luxe et jeter ou brûler les biens étrangers, mais elles devraient aussi partager les problèmes et les privations des hommes. De nombreuses femmes distinguées ont été arrêtées et emprisonnées à Calcutta. Cela montre le bon esprit. Au lieu de demander grâce, les femmes devraient rivaliser avec les hommes en souffrant pour la cause. En matière de souffrance, les femmes surpasseront toujours les hommes. Que les femmes n'aient aucune crainte. Les plus faibles sauront préserver son honneur. "Celui qui sait mourir n'a aucune crainte."

Gandhi n'oublie pas non plus les sœurs déchues. [90] Il raconte des conversations avec eux dans les provinces d'Andhra et de Barisal, où ils se sont rencontrés en conférence. Il leur parlait noblement et simplement, et ils lui répondaient, se confiaient à lui et lui demandaient son avis. Il essaya de suggérer un moyen par lequel ils pourraient gagner honnêtement leur vie et proposa de filer. Ils décidèrent de commencer dès le lendemain s'ils étaient assurés d'être encouragés et aidés. Et puis Gandhi s'est tourné vers les hommes de l'Inde ; les a appelés à respecter les femmes :

Le jeu dans le vice n'a pas sa place dans notre révolution. *Swaraj*, règle du foyer, signifie que nous devons considérer chaque habitant de l'Inde comme notre propre frère ou sœur. La femme n'est pas le sexe faible, mais la meilleure moitié de l'humanité, la plus noble des deux ; car aujourd'hui encore, c'est l'incarnation du sacrifice, de la souffrance silencieuse, de l'humilité, de la foi et de la connaissance. L'intuition de la femme s'est souvent révélée plus vraie que l'arrogance de l'homme en matière de connaissance.

Chez les femmes indiennes, à commencer par sa propre épouse, Gandhi a toujours trouvé une aide et une compréhension intelligentes, et parmi elles il a recruté certains de ses meilleurs disciples.

§ 6

En 1921, le pouvoir de Gandhi atteint son apogée. Son autorité en tant que leader moral était vaste et, sans l'avoir recherchée, une autorité politique presque illimitée lui avait été confiée. Les gens le considéraient comme un saint. Des images ont été peintes le représentant sous le nom de Sri-Krishna. [91] Et à la fin de l'année, en décembre, le Congrès national panindien lui a délégué ses pouvoirs et l'a autorisé à nommer son successeur. Il était le maître incontesté de la politique indienne. C'était à lui de déclencher une révolution politique, s'il le jugeait bon, ou même de réformer la religion.

Il ne l'a pas fait. Il ne souhaitait pas le faire. Grandeur morale ? Hésitation morale ? Les deux, peut-être. Il est très difficile pour un être humain d'en comprendre réellement un autre, surtout s'il appartient à des races et des civilisations différentes. Et combien plus difficile quand il s'agit d'un esprit aussi profond et subtil que celui de Gandhi ! Dans le dédale des événements qui se sont déroulés en Inde, en cette année tumultueuse, il est difficile de savoir si la main du pilote n'a pas tremblé, mais, toujours ferme et sûre, a dirigé le colossal navire sur la route choisie. J'essaierai cependant d'expliquer mon sentiment à l'égard de l'énigme vivante, et je le ferai avec le respect religieux que j'ai pour ce grand homme et la sincérité que je dois à sa sincérité.

Si le pouvoir de Gandhi était grand, le danger d'en abuser l'était tout autant. A mesure que l'effet de sa campagne affectait, par la moindre ondulation, des centaines de millions d'hommes, il devenait de plus en plus difficile de diriger le mouvement et en même temps de rester ferme au milieu de l'océan turbulent. Quel problème surhumain, en effet, que de concilier modération et noblesse avec des passions populaires débordantes et débridées ! Le pilote, doux et pieux, prie et s'appuie sur Dieu ; mais la voix qui lui parvient se perd presque dans le rugissement de la tempête. Atteindra-t-il un jour les autres ?

Il n'y a aucun danger qu'il soit emporté par l'orgueil. Aucune adoration ne peut lui faire tourner la tête. Au contraire, cela blesse non seulement son sens de la justesse des choses, mais aussi son esprit d'humilité. Gandhi est une exception parmi les prophètes et les mystiques, car il n'a pas de visions, n'a pas de révélations ; il ne cherche pas à se persuader qu'il est guidé de manière surnaturelle, ni à le faire croire aux autres. Il possède une sincérité rayonnante. Son front reste calme et clair, son cœur dépourvu de vanité. C'est un homme, comme tous les autres hommes. Ce *n'est pas* un saint. Il ne laissera pas les gens l'appeler tel. (Pourtant, son attitude même prouve qu'il en est un.)

Le mot « saint », dit-il, devrait être exclu de la vie présente.

> Je prie comme tout bon hindou. Je crois que nous pouvons tous être des messagers de Dieu. Je n'ai aucune révélation particulière sur la volonté de Dieu. Ma ferme conviction est qu'Il se révèle quotidiennement à chaque être humain, mais que nous fermons nos voitures à la « petite voix douce ». ... Je prétends n'être qu'un humble serviteur de l'Inde et de l'humanité. Je n'ai aucune envie de fonder une secte. Je suis vraiment trop ambitieux pour me contenter d'une secte pour suivi, car je ne représente pas de vérités nouvelles. Je m'efforce de suivre et de représenter la vérité telle que je la connais. Je prétends jeter un nouvel éclairage sur de nombreuses vérités anciennes. [92]

Personnellement, il est toujours modeste, consciencieux à l'extrême, incapable d'étroitesse d'esprit que ce soit en tant que patriote indien ou apôtre de la non- coopération . Il n'autorise aucune tyrannie, même pour le bien de la cause. L'oppression gouvernementale ne doit jamais être remplacée par une oppression non coopérative . [93] Gandhi n'opposera pas son pays à d'autres pays ; son patriotisme ne se limite pas aux frontières de l'Inde. "Pour moi, le patriotisme est la même chose que l'humanité. Je suis patriote parce que je suis humain et humanitaire. Mon patriotisme n'est pas exclusif. Je ne ferai pas de mal à l'Angleterre ou à l'Allemagne pour servir l'Inde. L'impérialisme n'a pas sa place dans mon projet de vie. Un patriote est d'autant moins patriote s'il est un humanitaire tiède. » [94]

Mais ses disciples ont-ils toujours ressenti cela ? Et, sur leurs lèvres, que devient la doctrine de Gandhi ? Et, interprété par eux, comment parvient-il aux masses ?

Lorsque Rabindranath Tagore, après avoir voyagé plusieurs années en Europe, revint en Inde en août 1921, il fut stupéfait du changement de mentalité des gens. Avant même son retour, il avait exprimé son inquiétude dans une série de lettres envoyées d'Europe à des amis en Inde. Beaucoup de ces lettres ont été publiées dans sa « Modern Review ». [95] La controverse entre Tagore et Gandhi, entre deux grands esprits, tous deux animés d'une admiration et d'une estime mutuelles, mais aussi fatalement séparés dans leurs sentiments qu'un philosophe peut l'être d'un apôtre, un saint Paul d'un Platon, est importante. Car d'un côté , nous avons l'esprit de foi religieuse et de charité qui cherche à fonder une nouvelle humanité. De l'autre, nous avons l'intelligence, libre, sereine et large, cherchant à unir les aspirations de toute l'humanité dans la sympathie et la compréhension.

Tagore a toujours considéré Gandhi comme un saint, et je l'ai souvent entendu parler de lui avec vénération. Quand, en me référant au Mahatma, j'ai mentionné Tolstoï , Tagore m'a fait remarquer, et je m'en rends compte maintenant que je connais mieux Gandhi, combien l'esprit de Gandhi est bien plus revêtu de lumière et de rayonnement que celui de Tolstoï . Chez Gandhi tout est nature, modeste, simple, pur, tandis que tous ses combats sont sanctifiés par la sérénité religieuse, tandis que chez Tolstoï tout est orgueilleuse révolte contre l'orgueil, haine contre haine, passion contre passion. Tout chez Tolstoï est violence, même sa doctrine de non-violence. Le 10 avril 1921, Tagore écrivait depuis Londres : « Nous sommes reconnaissants à Gandhi d'avoir donné à l'Inde une chance de prouver que sa foi dans l'esprit divin de l'homme est toujours vivante. » Malgré les réticences qu'il avait exprimées quant à la campagne de Gandhi, Tagore, lorsqu'il quitta la France pour retourner en Inde, envisageait sincèrement de soutenir Gandhi par tous les moyens. Et même le manifeste d'octobre 1921, dont je parlerai plus tard, « l'Appel à la vérité », qui marque la rupture entre les deux hommes, commence par l'un des plus beaux hommages à Gandhi qui aient jamais été écrits.

L'attitude de Gandhi envers Tagore est une attitude de respect affectueux, et elle ne change pas même lorsque les deux ne sont pas d'accord. On sent que Gandhi répugne à entrer en polémique avec Tagore, et lorsque certains bons amis tentent d'envenimer le débat en répétant des remarques personnelles, Gandhi leur ordonne de se taire et leur explique combien il doit à Tagore. [96]

Il était pourtant inévitable que le fossé entre les deux hommes se creuse. Dès 1920, Tagore avait déploré que la richesse débordante de l'amour et de la foi de Gandhi soit utilisée à des fins politiques, comme elle l'avait fait depuis la mort de Tilak. Bien entendu, Gandhi n'était pas entré dans l'arène politique le cœur léger. Mais à la mort de Tilak, l'Inde s'est retrouvée sans leader politique et quelqu'un a dû le remplacer.

Comme le dit Gandhi : [97]

> Si j'ai l'impression de participer à la politique, c'est uniquement parce que la politique nous encercle aujourd'hui comme les anneaux d'un serpent dont on ne

peut sortir, quels que soient nos efforts. Je souhaite lutter
contre le serpent.... J'essaie d'introduire la religion dans la
politique.

Mais ce que Tagore déplore. Écrivant le 7 septembre 1920, il déclare : « Nous avons besoin de toute la force morale que représente le Mahatma Gandhi, et que lui seul au monde peut représenter. » Qu'un trésor aussi précieux soit jeté sur la frêle barque de la politique et soumis au fouet incessant des vagues de passions contradictoires et irritées est un grave malheur pour l'Inde, dont la mission, dit Tagore, « est de réveiller les morts à la vie ». par le feu de l'âme. Il faut déplorer le gaspillage des ressources spirituelles dans des problèmes qui, considérés à la lumière d'une vérité morale abstraite, sont indignes. "Il est criminel de transformer la force morale en force."

C'est ce qu'a ressenti Tagore lors du lancement spectaculaire de la campagne de non- coopération et des troubles suscités au nom de la cause du Califat et des massacres du Pendjab. Il redoutait les résultats de la campagne sur une foule facilement excitable et sujette à des accès de fureur hystérique. Il aurait voulu détourner les esprits de la vengeance et des rêves de réparation impossible ; il leur aurait fait oublier l'irréparable et consacrer tous leurs efforts à construire et à façonner une nouvelle âme pour l'Inde. Et bien qu'il admirât les doctrines de Gandhi et le feu ardent de son esprit de sacrifice, il détestait l'élément de négation contenu dans la non- coopération . Tagore reculait instinctivement devant tout ce qui signifiait « Non ».

Et cette conviction l'amène à comparer l'idéal positif du brahmanisme, qui exige que les joies de la vie soient accueillies mais purifiées, à l'idéal négatif du bouddhisme, qui exige leur suppression. [98] A cela Gandhi répond que l'art d'éliminer est aussi vital que celui d'accepter. [99] Le progrès humain consiste en une combinaison des deux. Le dernier mot des Upanishads est une négation. La définition de Brahman par les auteurs des Upanishads est *neti* , pas celle-ci ! L'Inde avait perdu le pouvoir de dire « non ». Gandhi le lui a rendu. Le désherbage est aussi essentiel que le semis.

Mais Tagore, apparemment, ne croit pas au désherbage. Dans sa contemplation poétique de la vie , il se contente des choses telles qu'elles sont et trouve son plaisir à admirer leur harmonie. Il expose son point de vue dans des lignes d'une grande beauté, mais détachées de la réalité. Ses paroles sont comme la danse de Nataraja, un jeu d'illusions. Tagore dit qu'il essaie d'adapter son esprit à la grande exaltation qui déferle sur le pays. Mais il ne peut pas le faire, car dans son cœur, malgré lui, il y a un esprit de résistance. "Dans l'obscurité de mon désespoir", dit-il, "je vois un sourire et j'entends une voix qui dit : 'Ta place est avec les enfants, qui jouent sur les plages du monde, et me voilà avec toi.'" Tagore joue avec les harmonies, invente de nouveaux rythmes, « s'étirant au fil des heures, comme des enfants qui dansent au soleil et rient en disparaissant ». Toute création est heureuse, avec Tagore ; les fleurs et les feuilles ne sont que des rythmes qui ne cessent jamais. Dieu lui-même est le jongleur suprême, qui joue avec le temps, jetant étoiles et planètes sur le torrent des apparences et jetant des bateaux en papier remplis de rêves dans le fleuve des âges. "Quand je le supplie de me laisser être son disciple et de me laisser placer quelques-uns des jouets de mon invention dans l'une de ses joyeuses aboiements. Il sourit et je le suis, agrippant le bord de sa robe." Ici, Tagore se sent à sa place. "Mais où suis-je, dans une grande foule, serrée de tous côtés ? Et qui peut comprendre le bruit que j'entends ? Si j'entends une chanson, mon sitar peut capter la mélodie, et je peux me joindre au chœur, car je suis un chanteur. Mais dans la clameur folle de la foule, ma voix se perd et j'ai le vertige. Tagore a essayé, dans la clameur de la non- coopération , de trouver une mélodie, mais en vain. Et il se dit : « Si vous ne pouvez pas marcher au pas de vos compatriotes dans la plus grande crise de leur histoire, gardez-vous de dire qu'ils ont tort, et vous avez raison ! Mais abandonnez votre place dans le rang, retournez dans votre coin de poète et préparez-vous à affronter le ridicule et la disgrâce publique. [100]

Ainsi parlerait un Goethe, un Goethe indien, Bacchus. Et il semblerait que la décision de Tagore soit désormais prise. Le poète dit adieu à l'action, puisque cette action implique une négation, et il se replie dans le charme de l'enchantement créateur qu'il tisse autour de lui. Mais Tagore ne se contente pas de se retirer. Comme il le dit, le destin avait décidé qu'il devait diriger sa barque à contre-courant. A l'époque, il n'était pas seulement le « poète » mais l'ambassadeur spirituel de l'Asie en Europe ; il venait de rentrer d'Europe, où il avait demandé aux gens de coopérer à la création d'une université mondiale à Santiniketan . Quelle ironie du destin qu'il prêchait la coopération entre l'Occident et l'Orient à une extrémité du monde, alors qu'à ce moment-là la non- coopération était prêchée à l'autre bout du monde ! [101]

La non- coopération le blessait donc doublement, dans son travail comme dans sa conception de la vie. « Je crois, dit-il, à l'union réelle de l'Orient et de l'Occident ».

La non- coopération heurtait sa façon de penser, car sa mentalité, sa riche intelligence, s'était nourrie de toutes les cultures du monde. "Tout ce que l'humanité a de plus grand est à moi", dit-il. "La *personnalité infinie de l'homme* (comme le disent les Upanishads) ne peut provenir que de la magnifique harmonie de toutes les races humaines. Ma prière est que l'Inde puisse représenter la coopération de tous les peuples du monde. Pour l'Inde, l'unité est la vérité et la division mal. L'unité est ce qui embrasse et comprend tout ; par conséquent, elle ne peut être atteinte par la négation. La tentative actuelle de séparer notre esprit de celui de l'Occident est une tentative de suicide spirituel.... L'époque actuelle a été dominée par le mal. Occident, parce que l'Occident avait une mission à remplir. Nous, les Orientaux, devrions apprendre de l'Occident. Il est bien sûr regrettable que nous ayons perdu le pouvoir d'apprécier notre propre culture et que nous ne sachions donc pas comment attribuer la culture occidentale . à sa juste place. Mais dire qu'il est faux de coopérer avec l'Occident, c'est encourager la pire forme de provincialisme et ne peut produire que l'indigence intellectuelle. Le problème est un problème mondial. Aucune nation ne peut trouver son propre salut en se séparant. des autres. Nous devons tous être sauvés ou nous devons tous périr ensemble. » [102]

En d'autres termes, tout comme Goethe refusait en 1818 de rejeter la civilisation et la culture françaises, Tagore refuse de bannir la civilisation occidentale. Même si la doctrine de Gandhi n'établit pas vraiment de barrière entre l'Orient et l'Occident, Tagore sait qu'elle sera interprétée dans ce sens une fois que le nationalisme hindou sera attisé. Tagore craint le développement d'un esprit d'exclusion et il explique son sentiment de doute et d'anxiété lorsque ses étudiants des débuts du mouvement de non-coopération venaient lui demander conseil. Que signifie le boycott des écoles et des collèges ? demande Tagore. « Que les étudiants fassent un sacrifice... pour quoi ? Non pas pour une éducation plus complète, mais pour la non-éducation. Au cours de la première campagne *Swadeshi* [103] , un groupe de jeunes étudiants lui a dit qu'ils quitteraient immédiatement leurs écoles et collèges s'il leur ordonnait de le faire. Et lorsqu'il refusa de le faire, ils le laissèrent, très irrité, doutant de son patriotisme. [104]

Au printemps 1921, lorsque l'Inde commença à boycotter les écoles anglaises, Tagore avait vu à Londres un exemple agressif de nationalisme intellectuel. Lors d'une conférence d'un des amis de Tagore. Professeur Pearson, certains étudiants indiens ont donné libre cours à des manifestations nationales déplacées. Tagore s'est indigné et, dans une lettre adressée au directeur de Santiniketan , il a condamné cet esprit d'intolérance et en a imputé la responsabilité au mouvement de non- coopération . Et à cette accusation Gandhi répond :

> Je ne veux pas que ma maison soit murée de tous côtés et
> que mes fenêtres soient bouchées. Je veux que la culture de
> tous les pays se répande dans ma maison aussi librement
> que possible... Mais je refuse de me laisser emporter par
> aucun d'entre eux... Ma religion n'est pas une religion de
> prison. Il y a de la place pour la moindre des créations de
> Dieu. Mais c'est une preuve contre l'orgueil insolent de race,
> de religion ou de couleur.

Tout en exprimant ses doutes quant aux mérites d'une éducation littéraire anglaise, qui n'a rien à voir avec la formation du caractère, éducation qui, dit-il, a émasculé la jeunesse indienne, Gandhi a regretté les excès évoqués et a affirmé que son attitude n'était pas étroit, comme Tagore semblait le laisser entendre.

Ces paroles étaient franches et nobles, mais elles ne désarmèrent pas les appréhensions de Tagore. Tagore ne doutait pas de Gandhi, mais il craignait les Gandhistes . Et dès le premier contact avec son peuple, après son retour d'Europe, il commença à craindre la foi aveugle que le peuple plaçait dans les paroles du Mahatma. Tagore voit approcher le danger du despotisme mental et, dans la « Modern Review » d'octobre 1921, il publie un véritable manifeste, « Un appel à la vérité », qui est un cri de révolte contre cette obéissance aveugle. La protestation a été particulièrement forte car précédée d'un bel hommage au Mahatma. Après avoir décrit le premier mouvement d'indépendance indien en 1907 et 1908, Tagore explique qu'à cette époque, les dirigeants politiques étaient inspirés par un idéal livresque, basé sur les traditions de Burke, Gladstone, Mazzini et Garibaldi, et que leur message ne pouvait être compris que par l'élite. En bref, ils avançaient un idéal anglophone. Mais ensuite est arrivé le Mahatma Gandhi ! Il s'est arrêté aux portes des milliers de déshérités, habillés comme l'un des leurs. Il leur parlait dans leur propre langue. Voilà enfin la vérité, et pas seulement des citations de livres ! Mahatma, le nom donné par le peuple indien à Gandhi, est son vrai nom. Car qui d'autre s'était senti, comme lui, en communion avec le peuple ? Avez-vous senti qu'ils étaient de sa propre chair et de son propre sang ? À l'appel du Mahatma, les forces cachées de l'âme se sont épanouies, car le Mahatma a fait de la vérité quelque chose de concret, de visible. De la même manière, il y a des milliers d'années, l'Inde a connu une nouvelle grandeur à l'appel du Bouddha, lorsqu'il a fait comprendre aux hommes qu'il devait y avoir de la compassion et de la camaraderie entre toutes les créatures vivantes. L'Inde, réveillée par une nouvelle vie, a exprimé sa force dans la science et la richesse, s'étendant à travers les océans et les déserts. Aucune conquête commerciale ou militaire ne s'est jamais propagée aussi magnifiquement. Car l'amour seul est la vérité.

Mais le ton de Tagore a changé. L'apothéose s'est arrêtée. La tromperie a suivi. En Europe, par-delà les mers, Tagore sentit le frémissement du grand renouveau de l'Inde. Enthousiasmé, rempli de joie à l'idée de respirer la brise fluide de la liberté nouvelle, il retourna dans son pays natal. Mais dès son arrivée, son exaltation tomba. Une atmosphère oppressante pesait sur la population. "Une influence extérieure semblait s'abattre sur eux, les broyer et les faire parler sur le même ton, suivre le même rythme. Partout on me disait que la culture et le pouvoir de raisonnement devaient abdiquer et que l'obéissance aveugle ne devait que régner. Ainsi c'est simple, c'est écraser, au nom de quelque liberté extérieure, la liberté réelle de l'âme ! »

Nous comprenons les réticences de Tagore et son attrait. Ils sont de toutes les époques et de tous les âges. Les derniers esprits libres d'un vieux monde en ruine les ont exprimés à l'aube du nouveau christianisme. Et chaque fois que nous rencontrons nous-mêmes la marée montante d'une foi aveugle dans un idéal social ou national, nous sentons les mêmes appréhensions s'éveiller en nous. La révolte de Tagore est la révolte de l'âme libre contre les âges de foi qu'elle a suscités , car si la foi envers une poignée d'élus signifie la liberté suprême, elle ne signifie qu'une autre forme d'esclavage pour les masses qui sont dirigées par elle.

La critique de Tagore va au-delà du fanatisme de la foule. Au-dessus des masses aveugles, il frappe le Mahatma. Aussi grand que puisse être Gandhi, ne prend-il pas sur lui plus que ce qu'un seul homme peut supporter ? Une cause aussi grande que celle de l'Inde ne devrait pas dépendre de la volonté d'un seul maître. Le Mahatma est le maître de la vérité et de l'amour, mais l'obtention du régime domestique *de Swaraj* est extrêmement compliquée. "Les voies sont complexes et difficiles à explorer. Il faut de l'émotion et de l'enthousiasme, mais aussi de la science et de la méditation. Toutes les forces morales de la nation doivent être sollicitées. Les économistes doivent trouver des solutions pratiques, les éducateurs doivent enseigner, les hommes d'État méditer, les ouvriers travailler. ... Partout, le désir d'apprendre doit rester libre et sans entrave. Aucune pression, ouverte ou cachée, ne doit peser sur l'intelligence." ... "Autrefois, dans nos forêts primitives", dit Tagore, "nos sages, *gourous* , dans la plénitude de leur vision, faisaient appel à *tous* les chercheurs de vérité.... Pourquoi notre *gourou* , qui veut diriger nous à l'action, faisons le même appel ? » Mais le seul commandement que *Guru Gandhi* a lancé jusqu'à présent est « Tournez et tissez ! » Et Tagore demande : « Est-ce l'évangile d'une nouvelle ère créatrice ? Si les grosses machines constituent un danger pour l'Occident, les petites machines ne constitueront-elles pas un plus grand danger pour nous ? Les forces d'une nation doivent coopérer, non seulement entre elles, mais aussi avec les autres nations. "Le réveil de l'Inde est lié au réveil du monde. Toute nation qui tente de s'enfermer viole l'esprit du nouvel âge." Et Tagore, qui a passé plusieurs années en Europe, parle de certains des hommes qu'il a rencontrés – des hommes qui ont libéré leur cœur des chaînes du nationalisme pour servir l'humanité – des hommes qui constituent la minorité persécutée des citoyens du monde, des cives . *totius orbis* — et il les classe parmi les *sannyasins* , c'est-à-dire « ceux qui dans leur âme ont réalisé l'unité humaine ». [105]

Et l'Inde devrait-elle seule, demande Tagore, réciter le chapitre de la négation, s'attarder éternellement sur les défauts des autres et lutter pour *Swaraj* sur la base de la haine ? Lorsque l'oiseau est réveillé à l'aube, il ne pense pas seulement à la nourriture. Ses ailes répondent à l'appel du ciel. Sa gorge se remplit de chants joyeux pour saluer le jour à venir. Une nouvelle humanité a lancé son appel. Que l'Inde réponde à sa manière ! "Notre premier devoir, à l'aube, est de nous souvenir *de Celui qui est Un, qui ne se distingue ni par la classe ni par la couleur, et qui, par ses forces variées, pourvoit, comme il est nécessaire, aux besoins de chaque classe et de tous. priez Celui qui donne la sagesse de nous unir tous dans la compréhension.* " [106]

Les nobles paroles de Tagore, parmi les plus belles jamais adressées à une nation, sont un poème de soleil et se situent au-dessus de toutes les luttes humaines. Et le seul reproche qu'on peut leur faire, c'est qu'ils planent trop haut. Tagore a raison, du point de vue de l'éternité. L'oiseau-poète, l'alouette de la taille d'un aigle, comme Heine appelait le maître de notre musique, s'assoit et chante sur les ruines du temps. Il vit dans l'éternité. Mais les exigences du présent sont impérieuses. L'heure qui passe exige un soulagement immédiat, même s'il est imparfait ; mais il le réclame. Et à cet égard, Gandhi, à qui manque l'envolée poétique de Tagore (ou qui, peut-être, en tant que *Boddhisattva* de pitié y a renoncé pour vivre parmi les déshérités), trouve facile de répondre.

Dans sa réponse à Tagore, Gandhi fait preuve de plus de passion qu'il n'en a montré jusqu'à présent dans la controverse. Le 13 octobre 1921, dans « Young India », sa réplique émouvante paraît. Gandhi remercie la « Grande Sentinelle » [107] d'avoir averti l'Inde des pièges qui l'attendaient. Il est d'accord avec Tagore sur le fait que le plus essentiel est le maintien d'un esprit libre.

> Nous ne devons confier notre raison à personne. L'abandon aveugle à l'amour est souvent plus malfaisant que l'abandon forcé au fouet du tyran. Il y a de l'espoir pour l'esclave de la brute, aucun pour celui de l'amour.

Tagore est la sentinelle qui avertit de l'approche des ennemis appelés bigoterie, léthargie, intolérance, ignorance et inertie. Mais Gandhi ne considère pas que les craintes de Tagore soient justifiées. Le Mahatma fait toujours appel à la raison. Il n'est pas vrai que l'Inde soit mue uniquement par une obéissance aveugle. Si le pays a décidé d'adopter le rouet, ce n'est qu'après une longue réflexion. Tagore parle de patience et se contente de belles chansons. Mais il y a la guerre. Que le poète dépose sa lyre ! Laissez-le chanter quand ce sera fini ! Quand une maison est en feu, *chacun* doit sortir et prendre un seau pour éteindre le feu.

Quand tout autour de moi meurt de manque de nourriture, la seule occupation qui m'est permise est de nourrir ceux qui ont faim. L'Inde est une maison en feu. Il meurt de faim parce qu'il n'a pas de travail pour acheter de la nourriture. Khulna meurt de faim. Les Districts Cédés traversent successivement une quatrième famine. L'Orissa est une terre souffrant d'une famine chronique. L'Inde s'appauvrit chaque jour davantage. La circulation autour de ses pieds et de ses jambes s'est presque arrêtée. Et si nous n'y prenons pas garde, elle s'effondrera complètement....

Pour un peuple affamé et oisif, la seule forme acceptable sous laquelle Dieu peut oser apparaître est le travail et la promesse de nourriture comme salaire. Dieu a créé l'homme pour qu'il travaille pour sa nourriture et a déclaré que ceux qui mangeaient sans travail étaient des voleurs. Nous devons penser aux millions de personnes qui sont aujourd'hui moins que des animaux, presque mourantes. La faim est l'argument qui entraîne l'Inde dans le rouet.

Le poète vit pour le lendemain et voudrait que nous fassions de même. Il présente à notre regard admiratif la belle image des oiseaux chantant tôt le matin des hymnes de louange alors qu'ils s'envolent dans le ciel. Ces oiseaux avaient leur nourriture de la journée et s'envolaient avec les ailes reposées dans les veines desquelles du sang neuf avait coulé la nuit précédente. Mais j'ai eu la douleur d'observer des oiseaux qui, faute de force, ne pouvaient même pas être amenés à battre des ailes. L'oiseau humain sous le ciel indien se relève plus faible que lorsqu'il feignait de se retirer. Pour des millions de personnes, c'est une veillée éternelle ou une transe éternelle. Il m'a été impossible d'apaiser les patients qui souffrent avec une chanson de Kabir...

Donnez-leur du travail pour qu'ils mangent ! "Pourquoi devrais-je, moi qui n'ai pas besoin de travailler pour manger, tourner ?" c'est peut-être la question posée. Parce que je mange ce qui ne m'appartient pas. Je vis de la spoliation de mes compatriotes. Suivez le parcours de chaque pièce de monnaie qui se retrouve dans votre poche et vous réaliserez la véracité de ce que j'écris. Tout le monde doit tourner. Laissez Tagore tourner, comme les autres. Qu'il brûle ses vêtements étrangers ; c'est le devoir aujourd'hui. Dieu prendra soin du lendemain. Comme il est dit dans la Gîtâ : Fais *droite!*

Des mots sombres et tragiques ! Ici, nous avons la misère du monde qui se dresse devant le rêve de l'art et crie : « Osez me nier l'existence ! Qui ne sympathise pas avec l'émotion passionnée de Gandhi et ne la partage pas ?

Et pourtant, dans sa réponse si fière et si poignante, il y a quand même quelque chose qui justifie les appréhensions de Tagore : *sileat poeta*, imposant le silence à celui qui est appelé à obéir à la discipline impérieuse de la cause. Obéissez sans discussion à la loi de *Swadeshi*, dont le premier commandement est, Spin !

Sans aucun doute, dans le combat humain, la discipline est un devoir. Mais malheureusement, ceux qui sont chargés de faire respecter cette discipline, les lieutenants du maître, peuvent être des hommes bornés. Ils peuvent confondre la discipline choisie pour atteindre l'idéal avec l'idéal lui-même. La discipline les fascine par sa rigidité, car ils sont de ceux qui ne se sentent à l'aise que sur le chemin étroit. Ils considèrent *le Swadeshi* comme essentiel, non pas comme un moyen pour parvenir à une fin, mais en soi. À leurs yeux, cela acquiert un caractère presque sacré. L'un des disciples de Gandhi, professeur à l'école qui lui tient le plus à cœur, le *Satyagraha Ashram* de Sarbarmati à Ahmedabad, M. DB Kalelkar , écrit un « Évangile de Swadeshi », que Gandhi, dans une préface, marque de son approbation. [108] Ce livre, ou brochure, s'adresse à l'homme de la rue. Examinons le credo tel qu'il est enseigné par l'un de ceux qui boivent à la source même de la doctrine non polluée :

> De temps en temps, Dieu s'incarne sur terre pour racheter le monde. Son incarnation ne doit pas nécessairement prendre une forme humaine.... Il peut se manifester dans un principe abstrait ou dans un idéal qui élève le monde.... Sa dernière incarnation se trouve dans « l'Évangile de Swadeshi »...

L'apôtre se rend compte que cette déclaration peut faire sourire si *Swadeshi* doit être interprétée comme signifiant uniquement le boycott des produits étrangers. Il ne s'agit là que d'une application partielle du *Swadeshi* , qui est un « vaste principe religieux qui débarrassera le monde des conflits et de la haine et libérera l'humanité ». Sa quintessence se retrouve dans les écritures indiennes :

> Votre propre *Dharma religieux* – c'est-à-dire votre propre destinée religieuse ou salut – bien qu'imparfait, est le meilleur. L'accomplissement du *Dharma* auquel vous n'êtes pas destiné est toujours semé d'embûches. Seul atteint le bonheur celui qui accomplit la tâche qui lui est assignée.

La loi fondamentale de *Swadeshi* naît de la foi en Dieu, « qui a pourvu, de toute éternité, au bonheur du monde. Ce Dieu a placé chaque être humain dans l'environnement le mieux adapté à l'accomplissement de sa tâche. ses aspirations doivent être adaptées à sa position dans le monde. Nous ne pouvons pas plus choisir notre culture que notre naissance, notre famille ou notre pays. Nous devons accepter ce que Dieu nous a donné ; nous devons accepter la tradition comme venant de Dieu et la considérer comme un devoir strict d'être à la hauteur. Renoncer à la tradition serait un péché.

De ces prémisses il s'ensuit que l'habitant d'un pays ne doit pas s'occuper des autres pays.

> Le disciple de *Swadeshi* ne se lance jamais dans la vaine tâche d'essayer de réformer le monde, car il croit que le monde bouge et sera toujours déplacé selon les règles fixées par Dieu. subvenir aux besoins d'autrui, même pour des raisons philanthropiques, et si cela était possible, cela ne serait pas

> souhaitable.... Le véritable adepte de *Swadeshi* n'oublie pas
> que tout être humain est son frère, mais qu'il incombe à lui
> permettre d'accomplir la tâche que son environnement
> particulier lui a confiée. Tout comme nous devons œuvrer
> à notre salut dans le siècle dans lequel nous sommes nés,
> nous devons servir le pays dans lequel nous sommes nés.
> L'émancipation de notre âme doit être recherchée à travers
> la religion et notre propre culture.

Est-il cependant permis à une nation de profiter de toutes les opportunités pour développer ses ressources commerciales et industrielles ? En effet non. Une ambition indigne de vouloir développer l'industrie manufacturière indienne ! Ce serait demander aux gens de violer leurs *Dharmas* ! Il est aussi criminel d'exporter ses produits que d'importer ceux des autres. « Car le prosélytisme répugne à l'esprit de *Swadeshi*. » Et la conclusion logique de cette théorie, plutôt surprenante pour un Européen, est que c'est aussi un péché d'exporter des marchandises que des idées. Si l'Inde a été amèrement humiliée au cours de l'histoire, c'est en guise de punition pour les crimes de ses ancêtres qui commerçaient avec l'Égypte ancienne et Rome, un crime délibérément répété par toutes les générations suivantes. Chaque nation, chaque classe doit rester fidèle à son propre devoir, vivre de ses propres ressources et s'inspirer de ses propres traditions.

> Nous devrions éviter d'être intimes avec ceux dont les
> coutumes sociales sont différentes des nôtres. Nous ne
> devons pas nous mêler à la vie d'hommes ou de peuples
> dont les idéaux sont différents des nôtres... Chaque homme
> est un ruisseau. Chaque nation est un fleuve. Ils doivent
> suivre leur route, claire et pure, jusqu'à ce qu'ils atteignent
> la Mer du Salut, où tous se confondront.

Qu'est-ce que c'est sinon le triomphe du nationalisme ? Le plus étroit et le moins pollué ? Restez chez vous, fermez toutes les portes, ne changez rien, conservez tout, n'exportez rien, n'achetez rien, élevez et purifiez le corps et l'esprit ! Un évangile, en effet, des moines médiévaux ! [109] Et Gandhi, à l'esprit large, laisse son nom y être associé !

La perplexité de Tagore face à ces visionnaires du nationalisme réactionnaire est compréhensible. Pas étonnant qu'il ait été repris par ces apôtres, qui inverseraient la marche des siècles, enfermeraient l'âme libre dans une cage et brûleraient tous les ponts communiquant avec l'Occident. [110] En fait, la doctrine de Gandhi n'implique en réalité rien de tel. Comme le montre sa réponse à Tagore, il dit : « *Swadeshi* est un message pour le monde ». Le monde existe ; par conséquent, Gandhi en tient compte et ne rejette pas le « prosélytisme ». La non- coopération , dit-il, n'est pas dirigée contre les Anglais ou l'Occident. Notre non- coopération est dirigée contre la civilisation matérielle et l'avidité et l'exploitation du monde qui en découlent. faible." En d'autres termes, cela combat les erreurs de l'Occident et serait donc également bénéfique à l'Occident. "Notre non- coopération est une retraite intérieure." Une retraite temporaire pour permettre à l'Inde de rassembler ses forces avant de les mettre au service de l'humanité. "L'Inde doit apprendre à vivre avant de pouvoir aspirer à mourir pour l'humanité." Gandhi n'interdit pas la coopération avec l'Europe, à condition que soit respecté l'idéal solide qu'il impose à tous les hommes.

La véritable doctrine de Gandhi est bien plus large, bien plus humaine, bien plus universelle [111] que celle exprimée dans « l'Evangile » qu'il a approuvé. Pourquoi Gandhi a-t-il prêté son nom à cet « Évangile » ? Pourquoi laisse-t-il son magnifique idéal, message pour le monde entier, être emprisonné dans les liens étroits d'une théocratie indienne ? Méfiez-vous des disciples ! Plus ils sont purs, plus ils sont pernicieux. Dieu préserve un grand homme des amis qui ne saisissent qu'une partie de son idéal ! En le codifiant, ils détruisent l'harmonie qui est la véritable bénédiction de son âme vivante.

Mais ce n'est pas tout. Si les disciples qui vivent près du maître sont au moins teintés de sa noble spiritualité, qu'en est-il des disciples de ses disciples, et des autres, les masses auxquelles la doctrine ne parvient que comme des échos vagues et brisés ? Dans quelle mesure et qu'est-ce qu'ils absorbent de l'évangile de purification spirituelle et de renoncement créatif ? Malheureusement, pour eux, la doctrine apparaît sous sa forme la plus rudimentaire et matérielle, dans une sorte d'attente messianique de l'avènement de *Swaraj* , home Rule, au rouet ! C'est la négation de tout progrès. C'est le vieux *fuori Barbare* . Tagore s'alarme, non sans raison, de la violence des apôtres de la non-violence, et même Gandhi n'en est pas absolument à l'abri. Gandhi dit qu'il « se retirerait du terrain s'il éprouvait de la haine pour les Anglais », car il faut aimer ses ennemis tout en haïssant leurs actes, « haïr le satanisme tout en aimant Satan ». La distinction est cependant un peu trop subtile pour être comprise par l'homme moyen. Et quand à chaque séance du congrès les dirigeants s'attardent avec une éloquence enflammée sur les crimes et les trahisons des Anglais, la colère et la rancœur s'accumulent derrière les écluses ; et attention quand les écluses éclatent ! Lorsque Gandhi, expliquant pourquoi il préconise l'incendie d'objets précieux à Bombay en août 1921, dit à Andrews, l'ami de Tagore, qu'« il transfère la mauvaise volonté des hommes vers les choses » [112], il ne se rend pas compte que la fureur de les masses prennent de l'élan, et ces masses raisonnent instinctivement : « Les choses d'abord, les hommes ensuite ! Il ne prévoit pas que dans cette même Bombay, moins de trois mois après, *des hommes* tueront *des hommes*. Gandhi est trop saint ; il est trop pur, libre des passions animales qui sommeillent en l'homme. Il ne rêve pas qu'ils gisent là, accroupis au milieu du peuple, dévorant ses paroles et s'en nourrissant. Tagore, plus lucide, se rend compte du danger que les non- coopérateurs évitent lorsqu'ils dénoncent innocemment les crimes de l'Europe, professent la non-violence et, en même temps, sèment dans l'esprit des gens le virus qui se transformera inévitablement en violence ! Mais cela, ils ne le réalisent pas, ces apôtres dont le cœur est libre de haine. Mais celui qui veut diriger les hommes dans l'action doit connaître les battements du cœur des autres, pas seulement les siens. Attention à la foule ! *Canem des grottes !* Les préceptes moraux d'un Gandhi ne pourront pas le freiner. Le seul moyen peut-être de l'empêcher de se déchaîner, le seul moyen peut-être de le faire céder docilement à la discipline austère du maître, serait que celui-ci se pose en dieu incarné, comme ceux qui le peignent comme Sri. -Krishna espère secrètement qu'il le fera. Mais la sincérité et l'humilité de Gandhi l'empêchent de jouer ce rôle.

Et puis, planant au-dessus du seul océan humain rugissant, demeure la voix unique du plus pur des hommes, mais seulement d'un homme. Combien de temps sera-t-il entendu ? Attente grandiose et tragique !

———

[67] Étymologiquement, *swa* , soi, soi-même ; *deshi* , pays. D'où l'indépendance nationale. Les non- coopérateurs l'interprètent généralement dans le sens plus étroit d'indépendance économique. On verra plus loin quelle sorte d'évangile social les disciples de Gandhi font de cette idée. (« Évangile de Swadeshi. »)

[68] 8 et 24 septembre, 20 octobre 1920.

[69] 11 et 25 août 1920.

[70] C'est du moins ainsi que Gandhi interprète les textes. Osera une aventure européenne qui trouve dans la Bhagavad Gîtâ une indifférence sereine face aux violences perpétrées et subies ?

[71] 25 août 1920.

[72] 12 mai 1920.

[73] « À tous les Anglais en Inde », 27 octobre 1920.

[74] 28 avril 1920 ; 8 juin, 1er septembre 1921. Dans sa « Lettre aux Parsis », les hommes d'affaires, il les supplie de cesser de vendre de l'alcool (23 mars 1921). Dans sa « Lettre aux modérés », du 8 juin 1921, il leur demande de l'aider à faire avancer ce point, même s'ils ne sont pas d'accord avec les autres points de son programme. Il mène également la guerre contre la drogue, les stupéfiants et les fumeries d'opium.

[75] Gandhi lui-même se rend compte que beaucoup se moqueront. Mais, demande-t-il, la machine à coudre a-t-elle supprimé l'aiguille ? L'utilité du rouet n'a pas été perdue. Au contraire, rien n'est plus utile à l'heure actuelle. La filature est une nécessité nationale et constitue le seul moyen de subsistance possible pour des millions de personnes affamées. (21 juillet 1920.)

[76] 2 février 1921.

[77] 21 juillet 1920.

[78] 17 novembre 1920.

[79] L'anglais n'est pas exclu, ni aucune autre langue européenne, mais il est réservé aux classes supérieures, à la fin du programme scolaire. Cependant, dans tous les niveaux, les dialectes indiens sont utilisés. Gandhi rêve d'un état supérieur d'existence universelle où toutes les différences persisteraient, non pas comme des divisions mais comme des facettes différentes.

[80] *Ashram* , lieu de discipline, ermitage.

[81] Lors de la session du congrès de Nagpur, quelque 4 726 délégués étaient présents, parmi lesquels 469 mahométans, 65 sikhs, 5 parsis, 2 intouchables, 4 079 hindous et 106 femmes.

La nouvelle constitution prévoyait qu'un délégué devait être choisi pour tous les 5 000 habitants, ce qui ferait un total de 6 175 délégués. Le Congrès national indien devait se réunir une fois par an, aux alentours de Noël. Le comité du congrès, composé de 850 membres, agirait en tant qu'organe exécutif, appliquant les résolutions du congrès et mettant en œuvre sa politique. Entre les sessions du congrès, le comité devait avoir la même autorité que le congrès. Au sein du comité, un conseil exécutif de quinze membres devait entretenir avec le comité du congrès les mêmes relations qu'un cabinet ministériel entretient avec le parlement. Ce conseil d'administration pourrait être dissous par le comité du congrès.

Le Congrès de Nagpur élabora les plans d'une hiérarchie de comités de congrès provinciaux, représentant vingt et une provinces et douze langues, et plaça sous eux des comités locaux dans chaque village ou groupe de villages. Il a conseillé la formation d'un groupe de travailleurs nationaux qui s'appellerait le Service national indien et qui serait financé par des fonds appelés All-India Tilak Memorial Swaraja Fund.

Tout adulte, homme ou femme, possédant 4 annas avait le droit de vote, à condition d'avoir signé le credo de la constitution. Est éligible quiconque a atteint l'âge de vingt et un ans, a juré d'adhérer à l'article I de la Constitution et a accepté de respecter les règles et règlements de la Constitution.

[82] 23 mars 1921.

[83] 6 octobre 1920 ; 11 et 18 mai, 28 juillet, 20 octobre 1921.

[84] En citant son amitié avec le musulman Maulana Mohamed Ali, Gandhi affirme que les deux hommes restent fidèles à leurs croyances respectives.

Gandhi ne donnerait pas sa fille en mariage à l'un des fils d'Ali, ni ne partagerait les repas de son ami ; et il en va de même pour Maulana Mohamed Ali. Mais cela n'empêche pas les deux hommes de s'aimer, de se respecter et de compter l'un sur l'autre.

Gandhi ne dit pas que les mariages mixtes entre hindous et musulmans, ni le fait de manger ensemble, doivent nécessairement être condamnés, mais il dit qu'ils sont impossibles à l'heure actuelle. Il faudra au moins un siècle pour que les deux peuples atteignent un tel stade de fusion. Une politique prétendument pratique ne devrait pas tenter de mener une telle réforme. Gandhi ne s'y oppose pas mais le juge prématuré. La seule chose importante, pour le moment, est que les deux peuples se respectent et restent loyaux l'un envers l'autre. Ici aussi, Gandhi montre son sens des réalités. (20 octobre 1921.)

[85] Discours prononcé le 27 avril 1921.

[86] 27 octobre 1920.

[87] Fin avril 1921, l'intouchabilité commence à diminuer. Dans de nombreux villages, les parias sont autorisés à vivre parmi d'autres hindous et à jouir des mêmes droits. (27 avril 1921.) Dans d'autres régions cependant, leur état reste déplorable, notamment à Madras. (29 septembre 1921.) La question est désormais inscrite au programme des Assemblées nationales de l'Inde. Le Congrès de Nagpur, en décembre 1920, avait déjà exprimé le désir de voir disparaître l'intouchabilité.

[88] 27 avril 1921.

[89] 21 juillet 1921 et 6 octobre 1920.

[90] 21 juillet, 11 août, 16 décembre 1921.

[91] Gandhi proteste contre cela dans « Young India » de juin 1921.

[92] 12 mai 1920 ; 25 mai, 13 juillet, 25 août 1921.

[93] 8 décembre 1920.

[94] 16 mars 1921.

[95] « Lettres de l'étranger ». Les trois lettres des 2, 5 et 13 mars furent publiées dans la « Modern Review » en mai 1921. L'« Appel à la vérité » fut écrit après le retour de Tagore en Inde et publié dans la « Modern Review »

le 1er octobre 1921. Les deux hommes n'ont cependant pas discuté de leurs points de vue uniquement dans des écrits polémiques. Ils se sont rencontrés et ont eu un long entretien, mais aucun des deux n'a publié de commentaire sur leur rencontre. CF Andrews, cependant, qui était présent, nous a expliqué de quoi il s'agissait et a évoqué les arguments utilisés par Tagore et Gandhi pour étayer leurs différents points de vue.

[96] 9 février 1922. Dans cet article intitulé « Trop sacré pour être publié », Gandhi s'attarde sur sa longue amitié avec Tagore. Gandhi visitait fréquemment la maison de Tagore à Santiniketan et la considérait comme une retraite. Pendant qu'il était en Angleterre, ses enfants y avaient leur maison.

[97] 12 mai 1920.

[98] 5 mars 1921.

[99] 1er juin 1921.

[100] 5 mars 1921.

[101] 6 mars 1921.]

[102] 13 mars 1921. Développé dans un article de la "Modern Review" de novembre 1921.

[103] La première campagne indienne d'autonomie locale, au Bengale, en 1907-08.

[104] 5 mars 1921.

[105] Ceux qui ont renoncé à leur vie personnelle pour apporter une unité à l'humanité.

[106] Paraphrase de la première strophe des Upanishads.

[107] Titre de l'article du 13 octobre 1921.

[108] « L'Évangile de Swadeshi », Madras, 1922.

[109] Dans cet « Évangile », cependant, se trouvent des paroles d'une grande force morale et d'une grande beauté. Ne vous vengez pas. "Ce qui est passé est passé. Le passé ne peut être rappelé; il fait partie de l'éternité et l'homme n'a aucun recours contre lui. N'essayez pas d'exercer des représailles en guise de punition pour l'injustice et l'offense passées ! Laissez le passé mort enterrer ses morts. Agissez dans le présent vivant, le cœur intérieur et Dieu au-dessus de votre tête .

La froide pureté des glaciers souffle à travers le livre, d'un bout à l'autre.

[110] Tagore était particulièrement sensible à de tels écrits car il y avait surgi une sorte de rivalité entre *l'Ashram de Gandhi* (où cet « Évangile » a été écrit) et *le Santiniketan de Tagore* , rivalité que les deux hommes essayaient d'aplanir. Dans un article publié le 9 février 1922, Gandhi, dans « Young India », se plaint qu'un journaliste l'a mal cité, lui faisant dire des choses sur son *Ashram qui pourraient être interprétées comme des critiques du Santiniketan* de Tagore . Gandhi exprime son respect pour l'école de Tagore et ajoute, avec un certain humour, que s'il devait déterminer la supériorité d'une école sur l'autre, il voterait pour *Santiniketan* , malgré la discipline de *l'Ashram*. *Santiniketan* est le frère aîné, plus âgé en âge qu'en sagesse, mais, dit Gandhi, « Que les disciples de *Santiniketan* se méfient de la croissance du petit *Ashram !*

[111] À mon avis, Gandhi est aussi universel que Tagore, mais d'une manière différente. Gandhi est universaliste par son sentiment religieux ; Tagore est intellectuellement universel. Gandhi n'exclut personne de la communion de la prière et des devoirs quotidiens, tout comme les premiers apôtres ne faisaient pas de différence entre Juifs et Gentils mais imposaient aux deux la même discipline morale. C'est ce à quoi Gandhi aspire, et c'est là que réside son étroitesse ; non pas dans son cœur, qui est aussi grand que celui d'un Christ, mais dans son esprit d'ascèse intellectuelle et de renoncement. (Et cela aussi, il s'agit d'un Christ !) Gandhi est un universaliste du Moyen Âge. Tout en le vénérant, nous comprenons et approuvons Tagore.

[112] 1er septembre 1921.

PARTIE TROIS

§ 1

En 1921, le mouvement de non- coopération évolue rapidement. L'année entière a été marquée par l'incertitude, l'attente et de violentes explosions. Gandhi reflétait inévitablement ses oscillations.

Depuis longtemps , l'hostilité s'est accrue et elle a éclaté en révolte ouverte contre les mesures brutalement répressives du gouvernement. Il y a eu des émeutes à Malegaon, dans le district de Nasik, et à Giridih , dans le Behar. Au début du mois de mai 1921, de graves affrontements éclatèrent en Assam. Douze mille coolies ont arrêté de travailler dans les jardins de thé et ont été attaqués par des Gurkhas enrôlés par le gouvernement, et dans l'est du Bengale, les ouvriers des chemins de fer et des bateaux à vapeur ont organisé une grève de deux mois en signe de protestation. Gandhi fait tout ce qui est en son pouvoir pour calmer l'effervescence. En mai, il eut une longue conversation avec le vice-roi, Lord Reading, et il usa également de son influence auprès des frères Ali, qui attiseraient la violence par leurs discours incendiaires. Gandhi a réussi à persuader ses amis musulmans de « s'abstenir de prôner directement ou indirectement la violence ».

Le mouvement de non- coopération est cependant devenu de plus en plus puissant au fil du temps. L'élément musulman, en particulier, devint audacieux. A Karachi, le 8 juillet, par exemple, la Conférence pan-indienne du Khilafat, après avoir réitéré les revendications musulmanes, a déclaré qu'aucun musulman ne devrait servir dans l'armée anglaise ou aider au recrutement. En fait, la conférence est même allée jusqu'à menacer de proclamer une république en Inde et de prôner la désobéissance civile lors de la session de décembre du Congrès national si le gouvernement ne changeait pas son attitude hostile envers les dirigeants angoras. Un peu plus tard, le 28 juillet, le comité du Congrès national (le premier comité du congrès élu selon la nouvelle constitution) siégeant à Bombay décide de boycotter le prince de Galles, dont la visite était annoncée, et déclare le boycott de tout matériel étranger. , qui devrait entrer en vigueur avant le 30 septembre. Il a également pris des mesures pour intensifier et réglementer la filature et le tissage au niveau national et a demandé l'organisation d'une campagne plus vigoureuse contre le fléau de la boisson, malgré le soutien du gouvernement aux commerçants. Moins audacieux que les musulmans de la conférence du Khilafat, le comité du congrès désavouait cependant les tendances révolutionnaires et désapprouvait la désobéissance civile, approuvant un plus ; une propagande acharnée en faveur de la non-violence.

En août, une révolte brutale des Moplahs eut lieu et dura plusieurs mois. Avec Maulana Mohamed Ali, Gandhi décide d'aller de Calcutta à Malabar pour tenter de l'apaiser. Mais le gouvernement a arrêté Maulana Mohamed et son frère Maulana Shaukat Ali ainsi que plusieurs autres notables musulmans, les accusant d'avoir voté pour la désobéissance civile à la conférence du Califat. A la nouvelle de l'arrestation des frères Ali, le Comité central du Califat, siégeant à Delhi, a ratifié à l'unanimité les résolutions de la Conférence du Califat. Des centaines de manifestations, organisées dans toute l'Inde, ont confirmé l'approbation de la population. Le 4 octobre, Gandhi annonçait qu'il considérait sa cause comme liée à celle des musulmans. Dans un manifeste approuvé par cinquante membres éminents du Congrès pan-indien, Gandhi a déclaré que chaque citoyen avait le droit d'exprimer son point de vue sur la non-coopération, ajoutant qu'aucun Indien, qu'il soit fonctionnaire civil ou soldat, ne devrait servir un gouvernement qui a provoqué la dégradation morale, politique et économique de l'Inde. Il a fait de la non- coopération avec un tel gouvernement un devoir impératif. Le procès des frères Ali a eu lieu à Karachi. Avec leurs coaccusés, ils ont été condamnés à deux ans de prison.

A cette phrase, l'Inde répondit avec une vigueur redoublée. Le manifeste de Gandhi a été ratifié par le Comité du Congrès pan-indien le 4 novembre à Delhi. Et jetant les dés, le comité autorise chaque province, sous sa propre responsabilité, à proclamer la désobéissance civile, en commençant par le refus de payer les impôts. Les « résistants », cependant, ont été les premiers à jurer obéissance totale au programme *Swadeshi*, y compris le filage à la main, et à faire vœu de non-violence. En d'autres termes, sous la direction de Gandhi, le comité a essayé de combiner la résistance contre le gouvernement avec la discipline et l'abnégation. Faire ressortir le caractère désintéressé du mouvement. Les résistants ont été informés que ni eux ni leurs familles ne recevraient d'aide pécuniaire de la part du comité.

La grande désobéissance était sur le point de devenir effective lorsque, le 17 novembre, le prince de Galles débarqua à Bombay. Le boycott a été mené par les classes inférieures et moyennes ; mais les riches, les Parsis et les personnages officiels ignorèrent complètement cet ordre. Leur attitude a suscité une telle fureur parmi la population que les masses ont pris d'assaut les maisons des riches, pillant et saccageant les maisons et les propriétés, n'épargnant personne, pas même les femmes. Beaucoup ont été tués et blessés. Mais ce fut le seul cas de violence. Partout ailleurs, dans toute l'Inde, le *hartal* prescrit se déroulait dans un calme et un ordre presque religieux. Il n'y a eu aucune perturbation d'aucune sorte. Mais la nouvelle des émeutes de Bombay a blessé Gandhi « comme une flèche tirée dans son cœur ». Dès qu'il en entendit parler, il se précipita sur place, et lorsque les émeutiers l'acclamèrent, sa mortification ne connut aucune limite. Il rappela la foule à l'ordre avec colère et lui ordonna de se disperser. Il déclara que les Parsis étaient fondés à célébrer l'arrivée du prince s'ils le souhaitaient et, de toute façon, rien ne justifiait la violence. La foule écoutait Gandhi en silence, mais plus loin le tumulte éclatait de nouveau. Les pires éléments semblaient avoir soudainement émergé de la terre, et vingt mille hommes, remplis de rage et de haine, ne peuvent être ramenés à la raison d'un seul coup. Cependant, les émeutiers restèrent localisés dans certains quartiers, et les destructions ne furent pas aussi grandes que celles provoquées par la plus insignifiante explosion révolutionnaire d'Europe. Gandhi, cependant, lança des appels angoissés aux citoyens de Bombay et aux non- coopérateurs , et déclara que de tels incidents prouvaient que les masses n'étaient pas encore mûres pour la désobéissance civile. Il a donc suspendu l'ordre le proclamant. Pour se punir des violences de ses fidèles, il s'imposa un jeûne religieux de vingt-quatre heures par semaine.

Les résidents européens en Inde étaient moins alarmés par les émeutes de Bombay que par l'unanimité frappante du *hartal silencieux* dans tout le pays. Ils exhortèrent le vice-roi et le gouvernement à agir, et une série de mesures d'oppression furent imposées dans les différentes provinces. Une vieille loi, destinée aux anarchistes et aux sociétés secrètes, datant des soulèvements de 1908, a été exhumée et mise au service des associations volontaires du Congrès et du Califat. Les arrestations ont eu lieu par milliers, ce qui n'a eu pour résultat que d'amener des milliers de nouvelles recrues à s'inscrire comme volontaires, qui ont ensuite été formées par les comités provinciaux. Entre- temps , un *hartal* était fixé au 24 décembre, date de la visite du prince de Galles à Calcutta. Ce jour-là, le prince traversa une ville silencieuse et absolument déserte.

La révolution semblait couver partout, prête à s'enflammer lorsque le Congrès national indien se réunira à Ahmedabad. Il y a eu l'impressionnante solennité des États-Généraux à la veille de la Révolution française en 1789. Le président du congrès venait d'être emprisonné. Les discussions furent brèves. Le congrès a de nouveau proclamé sa foi dans la non- coopération et a invité tous les citoyens à s'inscrire comme volontaires et à se préparer à risquer l'arrestation. Il a également exhorté le peuple à organiser des réunions de masse partout ; et après avoir exprimé l'opinion que la désobéissance civile est une arme tout aussi efficace et plus humaine que la rébellion armée, il a proposé que la désobéissance civile soit adoptée dès que les masses auraient compris le véritable esprit de non-violence. Conscient qu'un grand nombre de ses membres seraient arrêtés à la fin de la session, le congrès délègue ses pouvoirs à Gandhi, l'investissant *de facto d'une dictature* et l'autorisant à nommer son successeur. Cela faisait de Gandhi le seul maître de la politique indienne. Le congrès limita son autorité sur un seul point, à savoir qu'il ne devait accepter aucun changement dans la *croyance nationale* ni faire la paix avec le gouvernement sans le consentement du comité du congrès. Une fraction de l'assemblée a tenté de faire adopter une résolution approuvant la violence, si nécessaire pour réaliser l'indépendance de l'Inde, mais cette résolution a été rejetée par la majorité, qui croyait aux principes de Gandhi.

Les semaines qui suivirent révélèrent l'enthousiasme religieux qui déferlait sur l'Inde. Vingt-cinq mille hommes et femmes se sont livrés avec joie aux gardiens de la prison. Et derrière eux, des milliers d'autres étaient prêts à se rendre pour prouver leur foi dans la cause de l'Inde.

§ 2

Une fois de plus , Gandhi pensait que le pays était mûr pour une désobéissance civile *massive* . Le signal devait être donné dans un district modèle, à Bardoli , dans la province de Bombay. [113] Ici, les idées de Gandhi ont toujours été comprises et suivies. Dans une lettre ouverte au vice-roi, datée du 9 février 1922, Gandhi expose son programme. La lettre est une déclaration de guerre courtoise mais claire. Gandhi se présente comme le leader du mouvement de non- coopération et en revendique la responsabilité. Bardoli sera la première unité de révolte de masse non violente contre un gouvernement qui a brutalement violé la liberté de la presse, d'association et d'expression. Gandhi donne sept jours à Lord Reading pour annoncer un changement de politique. Si « le vice-roi ne veut pas ou ne peut pas voir une question aussi incroyablement simple », la désobéissance civile sera proclamée. [114]

A peine la lettre au vice-roi fut-elle expédiée , qu'il se produisit un éclat plus violent que tous les autres. Au cours d'une procession à Chauri- Chaura , dans le district de Gorakhpur, ou plutôt après le passage du cortège, certains retardataires furent « gênés et maltraités par les agents de police ». Attaqués par la foule, les agents ont ouvert le feu et, lorsqu'ils ont épuisé leurs munitions , ils se sont retirés au *thana* (la caserne de la police) pour se mettre en sécurité. La foule a mis le feu au *thana*. En vain les assiégés demandaient grâce. Ils furent impitoyablement massacrés et brûlés. Cependant, comme la provocation était venue d'eux et qu'aucun volontaire non coopérant n'avait participé à l'attaque, Gandhi aurait eu le droit de décliner toute responsabilité dans cet attentat. Mais il était véritablement devenu la conscience de l'Inde. Le crime d'un seul de ses gens l'a blessé au vif. Il a pris sur lui tous les péchés de son peuple. Son horreur est telle que, sur un coup de tête, et pour la deuxième fois, il stoppe le mouvement de désobéissance civile qu'il vient de lancer. La situation était bien plus compliquée qu'après les émeutes de Bombay, et quelques jours seulement avant qu'il ait envoyé son ultimatum au vice-roi. Comment pourrait-il le retirer sans que son programme paraisse illogique, voire ridicule ? "Satan", comme le dit Gandhi, "l'a interdit".

Réalisant que la voix de « Satan » était celle de *la fierté* , il décida de retirer le manifeste.

Et le 16 février 1922, parut dans « Young India » l'un des documents humains les plus extraordinaires jamais écrits. C'est *le mea culpa de Gandhi* , sa confession publique. Du fond de sa mortification, des paroles de remerciement lui montent aux lèvres, de remerciement à Dieu de l'avoir humilié :

> Dieu a été extrêmement gentil avec moi. Il m'a prévenu pour la troisième fois qu'il n'existe pas encore en Inde cette atmosphère de vérité et de non-violence qui, et qui seule, peut justifier une désobéissance massive, que l'on peut qualifier de « civile », ce qui signifie douce, véridique. , humble, conscient, volontaire , mais aimant, jamais criminel et haineux. Il m'a prévenu en 1919, lorsque l' agitation autour de la loi Rowlatt a commencé. Ahmedabad, Viramvrag et Kheda se sont trompés. Je suis revenu sur mes pas, j'ai qualifié cela d'erreur de calcul himalayenne, je me suis humilié devant Dieu et les hommes et j'ai arrêté non seulement la désobéissance civile de masse, mais même la mienne.... La fois suivante, c'est à travers les événements de Bombay que Dieu m'a donné un terrible avertissement. Il m'a fait témoin oculaire... J'ai annoncé mon intention d'arrêter la désobéissance civile de masse qui devait immédiatement commencer à Bardoli . L'humiliation a été plus grande que celle de 1919. Mais cela m'a fait du bien et je suis sûr que les nations ont gagné grâce à cet arrêt. L'Inde défendait la vérité et la non-violence par cette suspension.
>
> Mais l'humiliation la plus amère était encore à venir... Dieu a parlé clairement à travers Chauri- Chaura ... Et quand l'Inde prétend être non-violente et espère monter sur le trône de la liberté par des moyens non-violents, la violence populaire, même dans La réponse à une grave provocation est de mauvais augure... L'obtention non-violente de l'autonomie présuppose un contrôle non-violent sur les éléments violents du pays. Les non- coopérateurs non violents ne peuvent réussir que lorsqu'ils ont réussi à prendre le contrôle du hooligan indien.

C'est pourquoi, le 11 février, à Bardoli , il « expose ses doutes et ses ennuis » devant la commission de travail du congrès. Ils n'étaient pas tous d'accord avec lui. "Mais jamais", a-t-il déclaré, "un homme n'a été" béni ", peut-être, avec des collègues et des associés aussi prévenants et indulgents."

Ils ont sympathisé avec ses scrupules et ont accepté, à sa demande, de suspendre l'ordre de désobéissance civile, exhortant en même temps toutes les organisations à s'efforcer de créer une atmosphère de non-violence.

Je sais que le renversement radical de la quasi-totalité du programme agressif peut être politiquement malsain et imprudent, mais il ne fait aucun doute qu'il est religieusement judicieux. Le pays aura gagné grâce à mon humiliation et à mon aveu d'erreur. La seule vertu que je veux revendiquer est la vérité et la non-violence. Je ne revendique aucun pouvoir surhumain. Je n'en veux pas. Je porte la même chair corruptible que portent les plus faibles de mes semblables, et je suis donc aussi sujet à l'erreur que n'importe qui. Mes services ont de nombreuses limites, mais Dieu les a jusqu'à présent bénis malgré leurs imperfections.

Car la confession d'erreur est comme un balai qui balaie la saleté et laisse la surface plus propre et plus brillante. Je me sens plus fort grâce à ma confession. Et la cause doit prospérer pour le retraçage. Jamais un homme n'a atteint sa destination en persistant à s'écarter du droit chemin. Il a été avancé que Chauri- Chaura ne pouvait pas affecter Bardoli . ... Je n'ai aucun doute à ce sujet. Les habitants de Bardoli sont, à mon avis, les plus pacifiques de l'Inde. Mais Bardoli n'est qu'un point sur la carte de l'Inde. Ses efforts ne peuvent réussir que s'il y a une parfaite coopération des autres parties... Tout comme l'ajout d'un grain d'arsenic à un pot de lait le rend impropre à la consommation, la courtoisie de Bardoli se révélera inacceptable par l'ajout du poison mortel. poison de Chauri- Chaura .... Ce dernier représente l'Inde autant que Bardoli . Chauri- Chaura est, après tout, un symptôme aggravé. *Dans la désobéissance civile, il ne devrait y avoir aucune excitation. La désobéissance civile est une préparation à une souffrance muette.* Son effet est merveilleux, bien qu'inaperçu et doux... La tragédie de Chauri- Chaura est en réalité l'index. Cela montre la voie que l'Inde pourrait facilement suivre si des précautions drastiques ne sont pas prises. Si nous ne voulons pas faire naître la violence de la non-violence, il est clair que nous devons revenir en toute hâte sur nos pas et rétablir une atmosphère de paix, et ne pas songer à déclencher une désobéissance civile de masse tant que nous ne serons pas sûrs que la paix sera maintenue malgré les une désobéissance civile de masse a commencé et malgré la provocation du gouvernement... Que

l'adversaire se glorifie de notre humiliation et de notre soi-
disant défaite. Il vaut mieux être accusé de lâcheté que d'être
coupable de reniement de notre serment et de péché contre
Dieu....

Et l'apôtre veut racheter le sang versé par les autres :

> Je dois subir un nettoyage personnel. Je dois devenir un
> instrument plus apte à enregistrer la moindre variation dans
> l'atmosphère morale qui m'entoure. Mes prières doivent
> avoir une vérité et une humilité plus profondes. Pour moi,
> il n'y a rien de plus purifiant qu'un jeûne. Un jeûne entrepris
> pour une expression de soi plus complète, pour atteindre la
> suprématie de l'esprit sur la chair, est un facteur très
> puissant dans l'évolution de chacun.... [115]

Et il s'impose un jeûne continu de cinq jours. Il ne veut pas que ses collègues
suivent son exemple. Il doit se punir. "Je me trouve dans la position
malheureuse d'un chirurgien qui s'est révélé incompétent pour traiter un cas
certes dangereux. Je dois soit abdiquer, soit acquérir de plus grandes
compétences." Son jeûne est pénitence et punition pour lui et pour les
émeutiers de Chauri- Chaura qui ont péché avec son nom sur les lèvres.
Gandhi aimerait souffrir pour eux seuls, mais il leur conseille de se rendre
volontairement au gouvernement et de faire des aveux nets, car ils ont nui à
la cause qu'ils entendaient servir.

> Je subirais l'humiliation, toutes les tortures, l'ostracisme
> absolu et la mort elle-même pour empêcher le mouvement
> de devenir violent ou précurseur de violence.

L'histoire du progrès spirituel de l'humanité peut contenir peu de pages aussi
nobles que celles-ci. La valeur morale d'une telle action est incomparable,
mais en tant que démarche politique, elle était déconcertante. Gandhi lui-
même admet que cela pourrait être qualifié de « politiquement malsain et
imprudent ». Il est dangereux de rassembler toutes les forces d'une nation et
de la tenir en haletant devant un mouvement prescrit, de lever le bras pour
donner le commandement final, puis, au dernier moment, de laisser retomber
le bras et d'appeler trois fois un appel. s'arrêter au moment même où la
formidable machinerie est mise en mouvement. On risque de ruiner les freins
et de paralyser l'impulsion.

Par conséquent, lorsque le comité du congrès tint sa session à Delhi, le 24
février 1922, Gandhi rencontra une grande opposition. Les résolutions du
comité de travail de Bardoli , approuvées le 11, ne furent pas ratifiées sans
discussion. Les non- coopérateurs se divisent en deux camps. Gandhi a
affirmé qu'avant de lancer la désobéissance civile, le peuple devait être mieux

préparé et il a présenté un programme constructif. Mais de nombreux membres étaient irrités par la lenteur des progrès du mouvement indépendantiste et ont protesté contre la suspension de la désobéissance civile. Les méthodes de Gandhi, affirmaient-ils, étouffaient l'ardeur de la nation. Un vote de censure contre le comité de travail fut proposé et il fut suggéré d'annuler ses résolutions. Mais en fin de compte, Gandhi a triomphé. Mais il souffrit beaucoup, car il se rendait compte que la majorité ne le soutenait pas sincèrement ; il savait que plus d'un de ceux qui avaient voté pour lui le traitaient de « dictateur » dans son dos. Il savait qu'au fond, il ne reflétait plus le sentiment du pays. Et avec sa sincérité inébranlable, il l'avoue, le 2 mars 1922 :

> Il y a tellement de violence sous-jacente, à la fois consciente et inconsciente, que je priais réellement et littéralement pour une défaite désastreuse. J'ai toujours été en minorité. En Afrique du Sud, j'ai commencé avec une quasi unanimité, j'ai atteint une minorité de soixante-quatre et même seize, et je suis remonté jusqu'à une immense majorité. Le travail le meilleur et le plus solide a été accompli dans le désert de la minorité... Je sais que la seule chose que le gouvernement redoute, c'est cette immense majorité que je semble contrôler. Ils ne savent pas que je le redoute encore plus qu'eux. J'en ai littéralement marre de l'adoration de la multitude irréfléchie. Je me sentirais sûr de mon terrain s'ils me crachaient dessus. Un ami m'a mis en garde contre l'exploitation de ma « dictature ». Je commence à me demander si je ne me laisse pas inconsciemment « exploiter » ! J'avoue que j'en ai une crainte comme je n'en ai jamais eu auparavant. Ma seule sécurité réside dans mon impudeur. J'ai prévenu mes amis du comité que je suis incorrigible. Je continuerai à avouer des bévues chaque fois que le peuple en fera. Le seul tyran que j'accepte dans ce monde est la « voix encore petite » intérieure. Et même si je dois faire face à la perspective d'une minorité d'un seul, je crois humblement que j'ai le courage de faire partie d'une minorité aussi désespérée. C'est pour moi la seule position véridique. Mais je suis aujourd'hui un homme plus triste et, je l'espère, plus sage. Je vois que notre non-violence est superficielle. Nous brûlons d'indignation. Le gouvernement le nourrit par ses actes insensés. Il semble presque que le gouvernement veuille voir cette terre couverte de meurtres, d'incendies criminels et de viols afin de pouvoir à nouveau revendiquer la capacité exclusive de les réprimer.

Cette non-violence semble donc être due simplement à notre impuissance. Il semble presque que nous nourrissons en nous le désir de nous venger dès que nous en avons l'occasion. La véritable non-violence volontaire peut-elle naître de cette non-violence apparemment forcée des faibles ? N'est-ce pas une expérience futile que je mène ? Et si, lorsque la fureur éclate, aucun homme, aucune femme ou aucun enfant n'est en sécurité et que la main de chacun se lève contre son prochain ? À quoi me servirait-il alors de jeûner jusqu'à la mort si une telle catastrophe se produisait ? Soyons honnêtes. Si c'est par la force que nous souhaitons gagner *Swaraj* , abandonnons la non-violence et offrons toute la violence possible. Ce serait une attitude virile, honnête et sobre, et personne ne pourrait alors nous accuser de la terrible accusation d'hypocrisie. [116] Si, malgré tous mes avertissements... la majorité ne croyait pas en notre objectif, même si elle l'acceptait sans un seul changement matériel, je leur demanderais de prendre conscience de leur responsabilité. Ils ne sont pas obligés de se précipiter vers la désobéissance civile, mais de s'atteler au travail tranquille de la construction. Si nous n'y prenons pas garde, nous risquons de nous noyer dans des eaux dont nous ne connaissons pas la profondeur.

Ceux qui ne croient pas au credo devraient sûrement se retirer du congrès.

Et, se tournant vers la minorité, Gandhi ajoute :

L'esprit patriotique exige une adhésion loyale et stricte à la non-violence et à la vérité. Ceux qui n'y croient pas devraient se retirer de l'organisation du congrès.

Il y a une tristesse amère, mais une virilité fière dans ces paroles fortes. C'était la nuit à Gethsémani. L'arrestation de Gandhi était imminente. Qui sait si, dans son cœur, il ne considérait pas l'emprisonnement comme un accouchement ?

§ 3

Gandhi s'attendait depuis longtemps à être arrêté. Depuis le 10 novembre 1920, toutes ses affaires étaient en ordre et il les préparait lui-même. Il avait dicté ses instructions au peuple dans son article « Si je suis arrêté ». Il évoque à nouveau cette possibilité dans un article du 9 mars 1922, lorsque la rumeur de son arrestation refait surface. Il dit qu'il ne craint pas le gouvernement. "Les rivières de sang versées par le gouvernement ne peuvent pas m'effrayer." La seule chose qu'il craint, c'est que la population soit emportée par l'annonce de son arrestation. Ce serait une honte pour lui. "Je désire que le peuple garde une parfaite maîtrise de lui-même et considère le jour de mon arrestation comme un jour de réjouissance. Le gouvernement croit que je suis l'âme de toute cette agitation et que si je suis destitué, il sera laissé en paix. il ne lui reste plus qu'à mesurer la force du peuple. Que le peuple conserve une paix et un calme parfaits. Ce n'est pour moi ni fierté ni plaisir, mais c'est une humiliation que le gouvernement s'abstienne de m'arrêter par crainte d'être arrêté. une explosion de violence universelle. Laissons le peuple réaliser tout le programme constructif. Qu'il n'y ait ni *hartals* ni manifestations, ni coopération avec le gouvernement. Boycottons les tribunaux et les écoles. Bref, que le programme de non- coopération soit poursuivi dans un ordre et une discipline absolus. Si les gens parviennent à respecter ce programme, ils gagneront. Sinon, ils seront confrontés au désastre.

Lorsque tout fut prêt, Gandhi se rendit à sa retraite chérie à l' *Ashram* de Sarbarmati , près d'Ahmedabad, pour attendre, dans une méditation tranquille et entouré de ses disciples bien-aimés, l'arrivée des connétables. Il aspirait à l'emprisonnement. En son absence, l'Inde affirmerait son objectif avec plus de force. Et, comme il le dit, l'emprisonnement lui procurerait « un repos tranquille et physique », qu'il méritait peut-être. [117]

Les agents arrivèrent dans la nuit du 10 mars. La nouvelle de leur arrivée était parvenue à l' *Ashram* . Le Mahatma était prêt et se mit à leur disposition. Sur le chemin de la prison, il rencontra Maulana Hasrat Mohani , un ami mahométan venu de loin pour lui faire une dernière accolade. Banker, rédacteur en chef de « Young India », a été envoyé en prison avec le maître. L'épouse de Gandhi fut autorisée à accompagner son mari jusqu'aux portes de la prison.

Le samedi 18 mars à midi, le « Grand Procès » [118] de Gandhi a commencé devant MCN Broomsfield , juge de district et d'audience d'Ahmedabad. C'était une manifestation d'une rare noblesse et d'une noblesse d'esprit. Juge et accusé rivalisaient de courtoisie chevaleresque. Jamais dans la lutte l'Angleterre ne s'est élevée à une impartialité plus magnanime. Ce jour-là , le juge Broomsfield a compensé de nombreuses fautes du gouvernement. Puisque beaucoup de choses ont été écrites sur le procès, je me contenterai d'en résumer les principaux points.

Pourquoi le gouvernement avait-il enfin arrêté Gandhi ? Pourquoi, après avoir réfléchi à cette décision pendant plus de deux ans, a-t-il choisi le moment précis où le Mahatma avait réprimé le mouvement populaire et où il semblait constituer la seule barrière contre la violence ? Agitait-il de manière aberrante ? Ou bien voulait-il confirmer les terribles paroles de Gandhi : « Il semble presque que le gouvernement veuille voir ce pays couvert de meurtres, d'incendies criminels et de viols afin de pouvoir revendiquer la capacité exclusive de les réprimer » ? Le gouvernement se trouvait dans une situation très difficile. Il respectait et craignait Gandhi. Il aurait aimé le traiter avec douceur. Mais Gandhi n'a pas traité le gouvernement avec douceur. Le Mahatma condamnait la violence, mais sa non-violence était plus révolutionnaire que n'importe quelle violence. Le jour même où il mettait fin à la désobéissance civile de masse, ou plutôt la veille de la session du congrès de Delhi, le 23 février, il écrivit l'un des articles les plus menaçants pour le pouvoir de la Grande-Bretagne. Un télégramme insolent de Lord Birkenhead et de M. Montagu avait frappé l'Inde comme un coup dur. [119]

Dans un élan d'indignation, Gandhi a relevé le défi :

> Comment peut-il y avoir un compromis alors que le lion britannique continue de nous brandir ses griffes sanglantes au visage ? L'Empire britannique, qui repose sur l'exploitation organisée de races physiquement plus faibles et sur une démonstration continue de force brute, ne peut pas vivre s'il existe un Dieu juste dirigeant l'univers. que le combat qui a commencé en 1920 est un combat jusqu'au bout, qu'il dure un mois ou un an ou plusieurs mois ou plusieurs années. Je vais seulement espérer et prier pour que Dieu donne à l'Inde suffisamment d'humilité et suffisamment de force pour rester non-violente jusqu'au bout. La soumission aux défis insolents diffusés par câble est désormais totalement impossible.

Gandhi fut inculpé sur la base des déclarations contenues dans cet article et dans deux autres articles, l'un du 19 septembre 1921 et l'autre du 15 décembre 1921. Le premier faisait référence à l'arrestation des frères Ali et le second était une réponse à un discours de Lord Reading. Tous deux contiennent la même déclaration de "combattez jusqu'au bout. Nous voulons *Swaraj*, nous voulons que le gouvernement cède à la volonté populaire. Nous ne demandons pas de quartier et n'en attendons aucun." L'accusation accusait donc Gandhi d'avoir « prêché sa désaffection à l'égard du gouvernement et d'avoir ouvertement incité d'autres à le renverser ». Gandhi a pris la parole pour sa propre défense. Il a plaidé coupable à toutes les accusations.

L'avocat général, Sir JT Strangman de Bombay, a affirmé que les trois articles cités dans l'accusation n'étaient pas isolés, mais faisaient partie d'une campagne générale menée pendant deux ans en vue de renverser le gouvernement, et il a cité des passages des articles de Gandhi. Il a rendu hommage au caractère élevé de Gandhi. Mais cela ne servit qu'à donner de l'autorité aux articles et à accroître leur influence néfaste. Il tenait Gandhi pour responsable de l'effusion de sang à Bombay et à Chauri- Chaura . Il est vrai que Gandhi prêchait la non-violence, mais il prêchait aussi la désaffection. Il était donc responsable des violences commises par la population.

Gandhi a demandé la permission de parler. Les tourments quant à ce qui était bien et mal, l'angoisse, les doutes, la lutte mentale et spirituelle des dernières semaines quant à la voie à suivre et à l'effet que cela aurait sur le peuple, avaient été dissipés. Il avait retrouvé la sérénité de son âme. Il acceptait tout ce qui s'était passé et tout ce qui allait se passer comme une nécessité qu'il pouvait regretter, mais qu'il lui faudrait supporter. Il est d'accord avec l'avocat général. Oui, il était responsable. Il était responsable de tout. Il prêchait la désaffection depuis bien plus longtemps que ne le prétendait l'accusation. Il assuma la responsabilité des troubles de Madras, des « crimes diaboliques » de Chauri- Chaura et des « outrages insensés » de Bombay.

> Le savant avocat général a tout à fait raison lorsqu'il dit qu'en tant qu'homme responsable, homme ayant reçu une bonne part d'éducation, ayant eu une bonne part d'expérience de ce monde, j'aurais dû connaître les conséquences de chacun de mes actes. actes. *Je savais que je jouais avec le feu, je courais des risques et si j'étais libéré, je ferais toujours la même chose.* J'ai senti ce matin que j'aurais failli à mon devoir si je n'avais pas dit ce que je dis ici tout à l'heure.

> Je voulais éviter la violence, je veux éviter la violence. La non-violence est le premier article de ma foi. C'est aussi le dernier article de mon credo. Mais il fallait que je fasse mon choix. Je devais soit me soumettre à un système qui, à mon avis, avait causé un préjudice irréparable à mon pays, soit courir le risque de voir éclater la fureur folle de mon peuple lorsqu'il comprenait la vérité de mes lèvres. Je sais que mon peuple est parfois devenu fou. J'en suis profondément désolé et je suis donc ici pour me soumettre non pas à une peine légère, mais à la peine la plus élevée. Je ne demande pas pitié. Je n'invoque aucun acte atténuant. Je suis donc ici pour inviter et me soumettre joyeusement à la peine la plus élevée qui puisse m'être infligée pour ce qui, en droit, est un crime délibéré et ce qui me semble être le devoir le plus élevé d'un citoyen. La seule issue qui s'offre à vous, Monsieur le Juge, est soit de démissionner de votre poste, soit de m'infliger la peine la plus sévère.

Après cette improvisation puissante, où les scrupules d'un esprit religieux sont contrebalancés par la fermeté héroïque d'un leader politique, Gandhi a lu une déclaration écrite adressée au public indien et anglais. Il leur devait, disait-il, d'expliquer pourquoi, « d'un loyaliste et coopérateur convaincu », il était devenu un désaffectionniste intransigeant et un non- coopérateur . Il s'attarde sur sa vie publique à partir de 1893. Il a souligné tout ce qu'il avait dû souffrir, en tant qu'Indien, du système britannique et il a raconté ses efforts incessants pendant vingt-cinq ans pour le réformer. Il croyait obstinément que cela pouvait se faire sans séparer l'Inde et l'Angleterre. Malgré toutes les tromperies, il resta un fervent coopérateur jusqu'en 1919. Mais depuis lors , les outrages et les crimes ont dépassé toute mesure. Et au lieu de réparer les injustices, le gouvernement, comme au mépris de l'esprit de l'Inde, a honoré, pensionné et récompensé ses serviteurs coupables. Le gouvernement lui-même a rompu tous les liens. Gandhi est parvenu à la conclusion que même si les réformes souhaitées étaient désormais proposées par le gouvernement, elles seraient néfastes. Le gouvernement de l'Inde britannique est fondé sur l'exploitation des masses. Des lois sont faites en vue de renforcer cette exploitation. L'administration de la loi se prostitue consciemment ou inconsciemment au profit de l'exploiteur. Un système de terreur subtil mais efficace et une démonstration de force organisée ont émasculé le peuple et « lui ont induit l'habitude de la simulation ». L'Inde est affamée, ruinée, dégradée ; et nombreux sont ceux qui affirment qu'avant que l'Inde ne devienne capable de se gouverner elle-même selon le plan de dominion, des générations devront passer. L'Angleterre a fait plus de mal à l'Inde que n'importe quel système précédent. La non- coopération avec le mal est un devoir. Gandhi a fait son devoir. Mais alors que dans le passé la non- coopération s'exprimait délibérément sous la forme de violence infligée au malfaiteur, la violence ayant été l'arme suprême, Gandhi a donné à son peuple le bras nouveau, mais indomptable, de la non-violence.

Et puis vint le match chevaleresque entre le juge Broomsfield et le Mahatma.

> M. Gandhi, vous avez facilité ma tâche d'une certaine manière en plaidant coupable des accusations portées contre vous ; néanmoins, ce qui reste, à savoir la détermination d'une peine juste, est peut-être une question aussi difficile à laquelle un juge de ce pays pourrait être confronté... Il serait impossible d'ignorer le fait qu'aux yeux de millions de vos compatriotes, vous êtes un grand patriote et un grand leader. Même ceux qui diffèrent de vous en politique vous considèrent comme un homme aux idéaux élevés et à la vie noble et même sainte. Mais il est de mon devoir de vous juger comme un homme soumis à la loi. peu de gens en Inde ne regrettent pas sincèrement que vous ayez empêché aucun gouvernement de vous laisser en liberté. Mais c'est ainsi. J'essaie de mettre en balance ce qui vous est dû et ce qui me paraît nécessaire dans l'intérêt du public.

Avec beaucoup de courtoisie, il consulta l'accusé quant à la peine qui devait être imposée. "Vous ne considérerez pas déraisonnable, je pense, d'être classé avec M. Tilak", condamné douze ans auparavant à six ans. "Si le cours des événements en Inde permettait au gouvernement de réduire le délai et de vous libérer, personne n'en serait plus heureux que moi."

Gandhi n'a pas permis au juge de le surpasser en termes de courtoisie. Il a affirmé que c'était son plus grand privilège et son honneur d'avoir son nom associé à celui de Tilak. En ce qui concerne la peine elle-même, il la considérait comme la plus légère qu'un juge puisse lui imposer, et en ce qui concerne l'ensemble de la procédure, il a déclaré qu'il ne pouvait pas s'attendre à une plus grande courtoisie. [120]

Le procès était terminé. Les amis de Gandhi tombèrent à ses pieds en sanglotant. Le Mahatma les salua en souriant. Et la porte de la prison de Sarbamati se referma derrière lui. [121]

§ 4

Depuis lors, la voix du grand apôtre est restée silencieuse. Son corps est emmuré comme dans un tombeau. Mais jamais une tombe n'a fait obstacle à la pensée, et l'âme invisible de Gandhi anime toujours le vaste corps de l'Inde. « Paix, non-violence, souffrance » [122] est le seul message venu de la prison. Le message a été entendu. D'un bout à l'autre du pays le mot d'ordre est passé. Trois ans plus tôt, l'Inde aurait été balayée par un bain de sang lors de l'arrestation de Gandhi. La simple nouvelle de sa réalisation provoqua des émeutes parmi la population en 1920. Mais la sentence d'Ahmedabad fut reçue avec une solennité religieuse. Des milliers d'Indiens, dans une joie sereine, se sont livrés aux gardiens de prison. La non-violence et la souffrance, un exemple plus étonnant que les autres, peuvent servir à montrer à quelle profondeur les paroles divines ont pénétré l'esprit de la nation.

Comme on le sait, les Sikhs ont toujours été considérés comme l'une des races les plus guerrières de l'Inde. Un grand nombre d'entre eux ont servi dans l'armée pendant la guerre. L'année dernière, de graves dissensions sont apparues entre eux. À nos yeux occidentaux, la cause semble insignifiante. À la suite d'une effervescence religieuse, une des sectes sikhs, les Akalis , souhaita purifier les sanctuaires. Ces derniers étaient tombés aux mains de gardiens de mauvaise réputation qui refusaient de se laisser expulser. Pour des raisons juridiques, le gouvernement a pris sa défense. Et en août 1922 commença le martyre quotidien de Guru-Ka-Bagh. [123] Les Akalis ont adopté la doctrine de la non-résistance. Un millier d'entre eux se sont installés près du sanctuaire, tandis que quatre mille ont élu domicile dans le Temple d'Or d'Amritsar, à dix miles de là. Chaque jour, cent parmi les quatre mille, pour la plupart des hommes en âge de servir dans l'armée et dont beaucoup ont servi pendant la guerre, quittaient le Temple d'Or, après avoir fait le vœu de rester fidèles aux principes de non-violence en pensée ainsi qu'en action, et d'atteindre Guru-Ka-Bagh ou d'être ramené inconscient. Parmi le groupe de mille volontaires, vingt-cinq faisaient chaque jour le même vœu. Non loin du sanctuaire, les agents britanniques attendaient au pont avec des tiges à pointe de fer pour arrêter la manifestation. Et chaque jour, une scène horrible se produisait. Andrews, l'ami de Tagore, le décrit de manière inoubliable dans son « Akali Struggle ». [124] Avec une couronne de petites fleurs blanches autour de leurs turbans noirs, les Akalis arrivèrent silencieusement devant les agents, et à une distance d'environ un mètre ils s'arrêtèrent et commencèrent à prier, silencieusement, immobiles. Les agents, pour les chasser, les ont poussés avec des bâtons à pointe de fer, en les frappant de plus en plus fort jusqu'à ce que le sang commence à couler et que les Sikhs tombent inconscients. Ceux qui parvenaient à se relever commençaient à prier à nouveau, jusqu'à ce qu'ils soient battus jusqu'à perdre connaissance comme les autres. Andrews n'a pas entendu un seul cri, ni vu un regard de défi. A proximité, une foule de spectateurs, le visage tendu d'angoisse, priait en silence. "Je ne pouvais m'empêcher de penser", dit Andrews, "à l'ombre de la croix". Les Anglais décrivent la scène dans leurs journaux et expriment leur étonnement. [125] Cela parut incompréhensible aux Britanniques, même s'ils durent admettre que ce sacrifice absurde prouvait que l'idée de non-coopération et de non-violence gagnait du terrain et que la population du Pendjab avait été gagnée à cette doctrine. Andrews, dont l'esprit généreux et l'idéalisme pur lui ont permis de pénétrer l'âme de l'Inde, dit avoir vu ici, comme Goethe à Valmy, « l'aube d'une ère nouvelle. Un nouvel héroïsme, renforcé par la souffrance, s'est levé, une guerre *de l'esprit*. "

Il semblerait que le peuple indien ait vécu plus fidèlement à l'esprit du Mahatma que ceux dont la mission était de les guider. J'ai déjà parlé de l'opposition à Gandhi lors de la séance du comité du congrès à Delhi vingt jours avant l'arrestation du maître. Cette opposition se manifesta encore lorsque le comité se réunit à nouveau, à Lucknow, le 7 juin 1922. Le programme d'attente patiente et de reconstruction silencieuse préconisé par Gandhi fut âprement critiqué et une motion fut présentée pour proclamer la désobéissance civile . Une commission a été nommée pour enquêter sur les conditions et déterminer si le pays pouvait être qualifié de mûr pour la désobéissance civile. La commission a voyagé dans toute l'Inde et a envoyé à l'automne un rapport décourageant. Non seulement la désobéissance civile a été jugée impraticable pour le moment, mais la moitié des membres sont allés jusqu'à un conservatisme extrême jusqu'à suggérer que les méthodes de non-coopération de Gandhi soient abandonnées et qu'un nouveau parti *Swaraj* ou Home Rule soit formé au sein des conseils gouvernementaux. En d'autres termes, la doctrine de Gandhi a été attaquée aussi bien par ceux qui croyaient à la violence que par ceux qui croyaient à la prudence.

L'Inde n'a cependant pas accepté le rapport de la commission. Lors de sa réunion annuelle fin décembre 1922, le Congrès national indien proclama énergiquement son allégeance au maître persécuté et à sa doctrine de non-coopération . Par 1 740 voix contre 890, il rejeta toute participation aux conseils gouvernementaux. Quant à ceux qui croyaient à la violence, ils étaient rares et n'avaient que peu d'influence. La séance s'est terminée par une résolution unanime appelant à la poursuite de la grève politique ordonnée par Gandhi. Une résolution boycottant les documents anglais fut cependant rejetée, afin de ne pas contrarier les ouvriers européens. Mais la conférence musulmane du Califat, comme d'habitude plus audacieuse que le congrès, vota le boycott à une large majorité.

Ici, nous devons arrêter le bilan du mouvement gandhiste . Malgré quelques inévitables reculs dus à l'absence du maître et de ses meilleurs disciples, emprisonnés comme lui (notamment les frères Ali), le mouvement a traversé avec succès les épreuves de la première année non guidée. Et la presse anglaise, à l'issue de la session du congrès de 1922 à Gaya, exprime sa surprise et sa déception face aux progrès du mouvement. [126]

§ 5

Et que va-t-il se passer maintenant ? L'Angleterre, plus sage de ses expériences passées, saura-t-elle façonner les aspirations du peuple indien ? Et ce peuple restera-t-il fidèle à son idéal ? Les nations ont la mémoire courte, et je n'aurais qu'une faible confiance dans la capacité de l'Inde à rester fidèle à l'enseignement du Mahatma si ses doctrines n'étaient pas l'expression des aspirations les plus profondes et les plus anciennes de la race humaine. Car s'il existe un génie, grand par sa propre force, qu'il corresponde ou non aux idéaux de son environnement, il ne peut y avoir de génie d'action, de chef qui n'incarne les instincts de sa race, ne satisfasse les désirs de sa race. besoin de l'heure et récompenser le désir du monde.

Mahatma Gandhi fait tout cela. Son principe d' *Ahimsa* (non-violence) est inscrit dans l'esprit de l'Inde depuis plus de deux mille ans. Mahavira, Bouddha et le culte de Vishnu en ont fait la substance de millions d'âmes. Gandhi y a simplement transfusé du sang héroïque. Il fit appel aux grandes ombres, aux forces du passé, plongées dans une léthargie mortelle, et au son de sa voix elles reprirent vie. En lui, ils se sont retrouvés. Gandhi est plus qu'un mot ; il est un exemple. Il incarne l'esprit de son peuple. Bienheureux l'homme qui est un peuple, son peuple, enseveli puis ressuscité en lui ! Mais de telles résurrections ne sont jamais le fruit du hasard. Si l'esprit de l'Inde surgit aujourd'hui des temples et des forêts, c'est parce qu'il détient le message que le monde soupire.

Ce message porte bien au-delà des frontières de l'Inde. L'Inde seule pourrait le formuler, mais il consacre la grandeur de la nation autant que son sacrifice. Cela pourrait devenir sa croix.

Car il semblerait qu'il faille sacrifier un peuple pour donner une nouvelle vie au monde. Les Juifs furent sacrifiés à leur Messie, qu'ils portaient depuis des siècles dans leurs pensées, et qu'ils ne reconnurent pas lorsqu'il s'épanouit enfin sur la croix tachée de sang. Plus heureuse, l'Inde a reconnu son Messie, et le peuple marche joyeusement vers le sacrifice qui doit le libérer.

Mais, comme les premiers chrétiens, ils ne comprennent pas tous le véritable sens de leur libération. Les chrétiens attendaient depuis longtemps l'accomplissement de l' *adveniat regnum tuum* . En Inde, nombreux sont ceux qui ne voient pas au-delà *de Swaraj* , le gouvernement du pays. D'ailleurs, j'imagine que cet objectif politique sera bientôt atteint. L'Europe, saignée par les guerres et les révolutions, appauvrie et épuisée, dépouillée de son prestige aux yeux de l'Asie qu'elle opprimait autrefois, ne peut résister longtemps sur le sol asiatique aux aspirations des peuples éveillés de l'Islam, de l'Inde, de la Chine et du Japon. Mais cela ne signifierait pas grand-chose, si riches et nouvelles que fussent les harmonies que quelques nations supplémentaires apporteraient à la symphonie humaine ; cela ne signifierait pas grand-chose si l'esprit déferlant de l'Asie ne devenait pas le véhicule d'un nouvel idéal de vie et de mort et, qui plus est, d'action, pour toute l'humanité, et s'il ne faisait pas prosterner un nouveau viatique. L'Europe □ .

Le monde est balayé par le vent de la violence. Cette tempête qui ravage les récoltes de notre civilisation n'est pas née d'un ciel dégagé. Des siècles de fierté nationale brutale, aiguisée par l'idéologie idolâtre de la Révolution, répandue par la vaine moquerie des démocraties et couronnée par un siècle d'industrialisme inhumain, de ploutocratie rapace et d'un système économique matérialiste où l'âme périt, étouffée à mort, devaient culminer dans ces sombres luttes où succombaient les trésors de l'Occident. Il ne suffit pas de dire que tout cela était inévitable. Il y a un dedans. Chaque peuple tue l'autre au nom des mêmes principes qui cachaient les mêmes convoitises et instincts caïniens . Tous – qu'ils soient nationalistes, fascistes, bolcheviques, membres des classes opprimées, membres des classes oppressantes – prétendent avoir le droit de recourir à la force, tout en refusant ce droit aux autres. Il y a un demi-siècle, la droite dominait. Aujourd'hui, les choses sont bien pires. La force *a* raison. La puissance a dévoré le bien.

Dans le vieux monde en ruine, pas de refuge, pas d'espoir, pas de grande lumière. L'Église donne des conseils inoffensifs, vertueux et dosés, soigneusement formulés pour ne pas contrarier les puissants. En outre, l'Église ne donne jamais l'exemple, même lorsqu'elle donne des conseils. Les pacifistes faibles braillent avec langueur, et on sent qu'ils hésitent et tâtonnent, parlent d'une foi à laquelle ils ne croient plus. Qui prouvera cette foi ? Et comment, dans un monde incrédule ? La foi se prouve par l'action.

C'est le grand message adressé au monde ou, comme le dit Gandhi, le message de l'Inde : *le sacrifice de soi.*

Et Tagore a répété les mêmes paroles inspirées, car sur ce fier principe , Tagore et Gandhi sont d'accord.

> J'espère que cet esprit de sacrifice grandira, ainsi que la volonté de souffrir... C'est la vraie liberté. Rien n'est plus élevé, pas même l'indépendance nationale. L'Occident a une croyance inébranlable dans la force et la richesse matérielle ; par conséquent, peu importe à quel point elle réclame la paix et le désarmement, sa férocité criera encore plus fort... Nous, en Inde, devons montrer au monde quelle est cette vérité qui non seulement rend le désarmement possible mais le transmue en force. Le fait que la force morale est une puissance plus forte que la force brute sera prouvé par un peuple non armé. L'évolution de la vie montre qu'elle s'est progressivement débarrassée de sa formidable armature d'écailles et de carapaces et d'une monstrueuse quantité de chair jusqu'à ce que l'homme ait évolué et ait vaincu la force brute. Le jour viendra où un homme faible et noble, absolument désarmé, prouvera que les doux hériteront de la terre. Il est logique que le Mahatma Gandhi, physiquement faible et sans ressources matérielles, prouve la force invincible des doux et des humbles cachés au cœur de l'humanité indignée et démunie de l'Inde. Le destin de l'Inde est lié à *Narayana* et non à *Narayani -sena* , à la force de l'âme et non aux muscles. Elle doit élever l'histoire humaine, la transporter de la vallée confuse des luttes matérielles vers les hauts plateaux des batailles spirituelles. Même si nous pouvons nous faire illusion à travers des expressions tirées du vocabulaire occidental, *Swaraj* , la règle du domicile, n'est pas vraiment notre objectif. Notre combat est un combat spirituel, un combat pour l'humanité. Il faut émanciper l'homme des mailles qu'il a tissées autour de lui, le libérer des organisations de l'égoïsme national. Il faut persuader le papillon que la liberté du ciel vaut mieux que l' abri du cocon. En Inde, nous n'avons pas de mot pour « nation ». Lorsque nous empruntons la parole aux autres peuples, cela ne nous convient pas, car nous devons nous allier à *Narayana* , l'Être Suprême, et notre victoire sera la victoire du monde de Dieu.... Si nous pouvons défier les

puissants, les riches , les armés, en montrant au monde la puissance de l'esprit immortel, le château de la Chair géante s'effondrera dans le néant. Et alors l'homme trouvera le vrai *Swaraj.* Nous, les misérables exclus de l'Orient, nous devons conquérir la liberté pour toute l'humanité.

"Notre objectif", a déclaré Gandhi, "est l'amitié avec le monde entier. La non-violence est arrivée aux hommes et elle restera. Elle est l'annonce de la paix sur terre."

La paix du monde est loin. Nous ne nous faisons aucune illusion. Nous avons abondamment vu, au cours d'un demi-siècle, l'hypocrisie, la lâcheté et la cruauté de l'humanité. Mais cela ne nous empêche pas d'aimer l'humanité. Car même parmi les pires, il existe un *nescio quid Dei.* Nous connaissons les liens matériels qui pèsent sur l'Europe du XXe siècle, le déterminisme écrasant des conditions économiques qui l'enferment ; nous savons que des siècles de passions et d'erreurs systématiques ont construit autour de nos âmes une croûte que la lumière ne peut percer. Mais nous savons aussi quels miracles l'esprit peut opérer.

Historiens, nous avons vu sa gloire éclairer des cieux encore plus sombres que le nôtre. Nous, qui ne vivons qu'un jour, avons capté en Inde le son du tambour de Çiva , « *le Maître Danseur qui voile son œil dévorant et garde ses pas pour sauver le monde de la plongée dans l'abîme.* » [127]

Les *Realpolitikers* de la violence, qu'ils soient révolutionnaires ou réactionnaires, ridiculisent notre foi et révèlent ainsi leur ignorance de la réalité profonde. Qu'ils se moquent ! J'ai cette foi. Je sais qu'elle est méprisée et persécutée en Europe, et que dans mon propre pays nous ne sommes qu'une poignée – sommes-nous même une poignée ? – à y croire. Et même si j'étais le seul à y croire, qu'importe ? La véritable caractéristique de la foi n'est pas de nier l'hostilité du monde, mais de la reconnaître et de croire malgré elle ! La foi est un combat. Et notre non-violence est le combat le plus désespéré. Le chemin vers la paix ne passe pas par la faiblesse. Nous ne combattons pas tant la violence que la faiblesse. Rien ne vaut la peine s'il n'est fort, ni bon ni mauvais. Le mal absolu vaut mieux que la bonté émasculée. Un pacifisme lamentable sonne le glas de la paix ; c'est la lâcheté et le manque de foi. Que ceux qui ne croient pas, qui craignent, se retirent ! Le chemin vers la paix passe par le sacrifice de soi.

C'est le message de Gandhi. La seule chose qui manque, c'est la croix. [128] Tout le monde sait que sans les Juifs, Rome ne l'aurait pas donné au Christ. L'Empire britannique ne vaut pas mieux que la Rome antique. L'impulsion a été donnée. L'âme des peuples orientaux a été émue dans ses fibres les plus profondes et ses vibrations se font sentir dans le monde entier.

Les grandes apparitions religieuses d'Orient sont régies par un rythme. Une chose est sûre : soit l'esprit de Gandhi triomphera, soit il se manifestera à nouveau, comme l'ont été, des siècles auparavant, le Messie et le Bouddha, jusqu'à ce que se manifeste enfin, dans un demi-dieu mortel, l'incarnation parfaite du principe de vie qui conduira une nouvelle humanité sur un nouveau chemin.

———

[113] Cent quarante villages, 87 000 habitants.

[114] Une note dans « Young India » de la même date est encore plus explicite. Si le vice-roi ne répond pas, l'obéissance civile sera proclamée même contre la volonté de la majorité.

[115] Quelle lumière ces paroles jettent sur la puissance mystérieuse de cette âme où s'inscrivent toutes les émotions des personnes frappées !

[116] Gandhi avait fini par se rendre compte que certains des membres majoritaires qui avaient voté pour la non-violence la considéraient, dans leur cœur, comme un expédient politique ouvrant la voie, en secret, à la violence. Ils parlaient avec suaveté, dit-il, « de porter des coups non violents ». Gandhi n'avait pas compris le danger, comme Tagore, bien avant. Mais il fut frappé d'horreur. Et, plus durement que Tagore, il dénonce et attaque l'attitude de la majorité.

[117] 9 mars 1922.

[118] « Le Grand Procès, Jeune Inde », 23 mars 1922.

[119] « Si l'existence de notre Empire était contestée, si le gouvernement britannique ne s'acquittait pas de ses responsabilités envers l'Inde et si des exigences étaient formulées dans la croyance très erronée que nous envisageions de nous retirer de l'Inde, alors l'Inde ne contesterait pas avec succès les mesures les plus déterminées. des gens dans le monde qui répondraient une fois de plus avec toute la vigueur et la détermination dont il dispose. »

[120] M. Banker, rédacteur en chef de « Young India », qui, lors du procès, avait suivi l'exemple du maître et acquiescé à toutes ses déclarations, a été condamné à une amende et à un an d'emprisonnement.

[121] Mme Kasturibai Gandhi a informé le peuple indien de la sentence imposée à Gandhi, dans un très beau message, les exhortant dans la paix et la tranquillité à se concentrer sur la mise en œuvre du programme constructif de Gandhi.

Gandhi n'est pas resté dans la prison de Sarbamati , où il a été bien traité, mais a été transféré dans une prison inconnue puis à Yeravda, près de Poona.

Selon une déclaration faite par ND Hardiker , "Gandhi in Prison, Unity", le 18 mai 1922, que nous ne sommes pas en mesure de vérifier, Gandhi a été placé dans une cellule comme les criminels de droit commun, et ne bénéficie d'aucun privilège d'aucune sorte. gentil. On prétend que sa santé délicate a souffert de ce régime.

"M. CF Andrews, parlant de l'emprisonnement de Gandhi, m'a dit que le Mahatma était heureux en prison et qu'il avait demandé à ses amis de ne pas lui rendre visite. Il se purifie, il prie et est convaincu qu'ainsi il travaille dans le moyen le plus efficace pour l'Inde.

A propos, M. Andrews déclare que le parti gandhiste en Inde a gagné en force grâce à l'emprisonnement du Mahatma. L'Inde croit en Gandhi avec plus de ferveur que jamais. Elle persiste à le considérer comme une incarnation de Sri-Krishna, qui a également été soumis au procès de l'emprisonnement. Et Gandhi, en prison, a empêché plus efficacement l'explosion de cette violence qu'il redoutait que s'il avait été en liberté.

[122] Le 3 août 1922, « Unity » publie une « Lettre de prison » dans laquelle Gandhi parle des maux de la civilisation moderne. La lettre me semble apocryphe. Je devrais l'imaginer comme un résumé d'extraits écrits il y a quelque temps, notamment dans le « Hind Swaraj ».

[123] Guru-Ka-Bagh est un sanctuaire (Gurdwara) à environ dix miles d'Amritsar.

[124] « La lutte Akali », par Andrews, professeur à Santiniketan . Publié dans le « Swaraiya » de Madras et sous pli séparé. 1er septembre 1922.

[125] « Manchester Guardian Weekly », 13 octobre 1922.

[126] Un article de Blanche Watson, dans « Unity », du 16 novembre 1922, énumère les avantages que l'Inde a gagnés grâce à sa lutte de résistance non-violente.

Cet article prétend que les revenus intérieurs de l'Inde ont diminué de quelque soixante-dix millions de dollars, et que le boycott des produits anglais a fait perdre à l'Angleterre, au cours d'une seule année, quelque vingt millions de dollars. Elle prétend qu'à cette époque environ trente mille Indiens étaient emprisonnés et que l'appareil gouvernemental était complètement bouleversé. Mais Blanche Watson, qui est une fervente admiratrice du gandhisme , a, peut-être, une tendance inconsciente à exagérer ses succès. D'autres témoignages sembleraient moins encourageants et prouveraient que l'esprit d'abnégation est contrarié par l'attitude égoïste des riches et des hommes d'affaires, tandis que nombre de ceux qui ont démissionné de leurs fonctions gouvernementales dès le premier élan d'enthousiasme ont maintenant retourné au travail. Il ne serait pas humain de croire autre chose. Dans chaque révolution, beaucoup restent à la traîne ou reviennent sur leurs pas. Il s'agit de déterminer si, dans l'ensemble, le mouvement est à la hausse ou à la baisse. A ce propos, il est intéressant de se référer à une description publiée dans le « Manchester Guardian Weekly » du 16 février 1928.

Le « Manchester Guardian », dont le libéralisme intelligent est bien connu, mais qui représente néanmoins certains intérêts puissants directement menacés par le mouvement de non- coopération , a récemment organisé une enquête sur la situation en Inde. La conclusion que l'on tire de la lecture des résultats de cette enquête, malgré une tendance bien naturelle à discréditer le mouvement, est que la situation est grave et suscite de vives inquiétudes. Le dernier article (16 février 1923) tente de prouver que la tactique de Gandhi s'est révélée inefficace et que le mouvement de non- coopération doit être réorganisé. Mais l'article continue en disant que l'esprit de non- coopération grandit. Partout il y a des traces de méfiance à l'égard du gouvernement étranger et un ardent espoir de s'en débarrasser. Les peuples les plus cultivés de l'Inde et les habitants des grandes villes s'accordent sur ce point. Le *ryot* , ou paysan, n'est que peu touché par le mouvement, mais les conditions sont telles dans les villages qu'il devra bientôt prendre parti. L'armée semble encore immunisée, mais les recrues viennent des villages, et tôt ou tard elles seront contaminées. Le mouvement de non- coopération est souvent plus intense parmi les éléments les meilleurs et les plus modérés. Ces éléments désapprouvent les méthodes révolutionnaires, mais leur désapprobation n'est pas partagée par le reste du pays. L'auteur affirme qu'il faudra environ dix ans à l'Inde pour réellement mettre en place une désobéissance civile efficace. Mais entre- temps , la situation va devenir de plus en plus grave. Il est impossible de tenir les Indiens en échec en les menaçant d'emprisonnement. Ils n'en ont plus peur. Il faudra recourir à des mesures coercitives plus sévères, ce qui attiserait la haine. Il n'y a qu'une seule solution pacifique – s'il n'est pas déjà trop tard – et c'est que l'Angleterre prenne l'initiative de réformer l'Inde. Pas de demi-mesures, comme celles de 1919, et appliquées seulement l'année dernière ! Elles ne suffisent pas et il n'y a pas de temps à perdre. L'Angleterre doit convoquer une convention nationale indienne où tous les partis et intérêts en Inde seront représentés – Gandhi et ses disciples ainsi que les princes indiens et les capitalistes européens, mahométans, hindous, parsis, eurasiens, chrétiens, parias – tous doivent se joindre à une convention et rédiger une constitution pour une Inde autonome au sein de l'empire et tracer les lignes d'un tel gouvernement intérieur. C'est le seul moyen d'éviter l'éclatement de l'empire.

Je ne sais pas comment le gouvernement indien et la bureaucratie britannique accueilleront la suggestion du « Manchester Guardian », et j'ai du mal à croire que Gandhi et ses non-coopérateurs accepteraient de siéger à une convention avec les capitalistes européens et indiens. Mais une chose est sûre, c'est que plus personne ne remet en question le droit de l'Inde à l'autonomie nationale. Cela doit venir d'une manière ou d'une autre. Et rien n'est plus remarquable que le changement d'attitude de l'Angleterre à l'égard de l'Inde depuis le début du mouvement gandhiste . L' Européen ne méprise plus l'Indien mais le traite avec considération. Tout le monde s'accorde à reconnaître que c'est une erreur que d'employer les méthodes violentes auxquelles les gouvernements ont eu recours en premier lieu. D'un point de vue spirituel et mental, l'Inde est déjà victorieuse.

[127] Fragment de la plus ancienne Invocation de Çiva , dans la pièce « Mudra- Rakshasha » (400) de Vishakadatta .

[128] C'est le point de vue des « objecteurs de conscience » en Angleterre, qui se répand peu à peu dans d'autres pays.

BIBLIOGRAPHIE

ANDREWS, CF, « Aux étudiants », 1921, S. Ganesan, Madras.

DOKE, JOSEPH J., "MK Gandhi, an Indian Patriot in South Africa", avec une introduction de Lord Ampthill, 1909, Indian Chronicle, Londres.

GANDHI, MAHATMA, « Un guide de la santé », 1921, S. Ganesan, Madras.

GANDHI, MAHATMA, "Hind Swaraj" (Indian Home Rule), 1921, S. Ganesan, Madras.

GANDHI, MAHATMA, " Neethi Dharma " (Religion éthique), avec une introduction de JHHolmes, S. Ganesan, Madras.

GANDHI, MAHATMA, "Discours et écrits" (1896-1922), avec une introduction de CFAndrews et une notice biographique, 1922, Natesan, Madras.

GANDHI, MAHATMA, "Young India" (1919-22), avec une introduction de Babu RajendraPrasad, 1922, S. Ganesan, Madras. Une collection d'articles écrits par Gandhi pour son journal « Young India ».

HOLMES, JH, "Mohandas Karamchand Gandhi" (introduction à "La religion éthique").

KALELKAR, PROFESSEUR, « L'Évangile de Swadeshi », 1922. S. Ganesan, Madras.

"GANDHI, MK, Une esquisse de sa vie et de son œuvre" (dans la collection "Biographies d'Indiens éminents", Natesan, Madras).

PEARSON, WW, « L'aube d'un nouvel âge », 1922, S. Ganesan, Madras.

RAY, SATYANDRA, « Mahatma Gandhi » (« dans Le monde de demain », novembre 1922).

"SOUVENIR du mouvement de résistance passive en Afrique du Sud" (1906-14), Numéro d'or de "Indian Opinion", publié en 1914 à Phoenix, Natal. Ce numéro, publié par les presses de la colonie tolstoïenne de Gandhi à Natal, présente l'ensemble le plus précieux et le plus complet de documents – articles et photographies – liés au mouvement de résistance passive en Afrique du Sud.

Il est également utile de consulter les archives de « Young India », le journal de Gandhi, toujours publié à Ahmedabad, son fils en étant rédacteur-éditeur.

"The Modern Review", publié par Ramouna Chatterjee à Calcutta. Rabindranath Tagorus utilise "The Modern Review" pour exprimer ses opinions.

La revue "Unity" de Chicago est en contact étroit avec le mouvement gandhiste et éprouve une ardente sympathie pour lui. L'éditeur, John Haynes Holmes, a écrit la préface de l'édition indienne de « Ethical Religion ».

www.ingramcontent.com/pod-product-compliance
Lightning Source LLC
LaVergne TN
LVHW041734190726
843493LV00008B/2345